FRANZ GAMILLSCHEG

Die Differenzierung nach der Gewerkschaftszugehörigkeit

Schriften zum Sozial- und Arbeitsrecht

Band 1

Die Differenzierung nach der Gewerkschaftszugehörigkeit

Von

Franz Gamillscheg

Göttingen

DUNCKER & HUMBLOT / BERLIN

Gedruckt 1966 bei Alb. Sayffaerth, Berlin 61
Printed in Germany

Inhaltsverzeichnis

Anhang

Erster Teil

Die Differenzierung in der Praxis

Niemand hätte es vor 20 Jahren vorauszusagen gewagt, daß sich der wirtschaftliche Wiederaufbau in so rascher Zeit vollziehen und daß er mit einer gesellschaftlichen Festigung Hand in Hand gehen würde, die die Bundesrepublik weithin als Insel eines, wenn auch von außen stets bedrohten Wohlstandes erscheinen läßt. Die Probleme, die Gegenstand dieser Untersuchung sind, sind denn auch nicht solche einer drängenden sozialen Not, sondern eher eines embarras de richesse, nicht des Hungers, sondern der Sättigung. Sie sind deshalb nicht weniger ernst zu nehmen. Mit der Sicherung des Lebensnotwendigen ist die Aufgabe der Gewerkschaften nicht erfüllt, die vielmehr darauf bestehen müssen, dem Arbeitenden einen angemessenen Anteil an den gemeinsam geschaffenen Reichtümern zu sichern. Aber das Leben bietet viele Paradoxe. Man möchte meinen, daß die Überwindung der Arbeitslosigkeit und die Gewährleistung eines auskömmlichen Lohnes für die große Mehrzahl der Arbeitnehmer den Gewerkschaften in der Öffentlichkeit eine triumphale Stellung verschaffen sollte. Das Gegenteil ist der Fall. Wenn die Mitgliederzahlen in den Jahren des Aufschwunges auch — absolut gesehen — gestiegen sind (selbst dies nicht ausnahmslos!), so bleibt die Zunahme doch hinter dem Zuwachs an Erwerbspersonen überhaupt zurück, so daß der Prozentsatz der Organisierten abgenommen hat[1]. Immer noch bilden die fatalen 30 % eine Art Hürde, die zu überwinden nur wenigen mächtigen Gewerkschaften gelungen ist. Immer noch ist eine aktive Minderheit der Motor des sozialen Fortschritts, der allen zu Gute kommt.

---

[1] Z. Z. soll der Organisationsgrad bei 28 % der Arbeitnehmerschaft liegen.

Die Gründe und Hintergründe wären eine eigene Untersuchung der Soziologen wert. Sicherlich ist der Zug unserer Zeit von Einfluß, die sich allzu ausschließlich um den persönlichen Fortschritt bekümmert und sich gegenüber den Forderungen und Notwendigkeiten der Allgemeinheit blind stellt, sobald Opfer verlangt werden. Der Mißbrauch idealistischer Gesinnung durch den National-Sozialismus dient hierbei als bequemes Alibi für alle jene, die sich auch der berechtigten und notwendigen Inpflichtnahme durch die Gesellschaft entziehen wollen. Für die Gewerkschaften bleibt als Ausschnitt dieses großen Problems die Frage der Außenseiter, die sich alle durch die Gewerkschaften errungenen Erfolge gefallen lassen, aber nicht Mitglied werden, weil sie die Beiträge sparen wollen.

Daß es dazu kommt, ist wiederum die Folge der Gleichbehandlung von Organisierten und Unorganisierten im Betrieb. Der Mangel an Arbeitskräften in der Vollbeschäftigung hat dazu geführt, daß der Tariflohn weitgehend überboten wird und damit nur mehr die Rolle einer Vergleichs- und Berechnungsgrundlage des Effektivlohnes spielt (eine Rolle, die wichtig genug ist, bringt doch eine Tariflohnerhöhung in der Regel die ganze Lohnpyramide in Bewegung). Es ist klar, daß der Arbeitgeber von seinem Recht, den Außenseiter sogar untertariflich zu bezahlen, unter diesen Umständen keinen Gebrauch machen kann. Weiter wird die Gleichbehandlung der Unorganisierten auch durch praktische Erwägungen getragen, namentlich durch die sonst drohende Überlastung des ohnehin schon überlasteten Lohnbüros[2]. Ebenso spielt hier herein, daß die Verschiedenheit der Behandlung der Organisierten und Unorganisierten am gleichen Arbeitsplatz böses Blut schaffen, das Betriebsklima vergiften kann. Aber nicht zuletzt steht hinter all dem auch der Wille und die Politik der Arbeitgeber, es nun dabei auch zu belassen, um den Gewerkschaften nicht Mitglieder zuzuführen, die deren Kampfkraft in sozialen Auseinandersetzungen stärken müßten. Für den Arbeitnehmer entfällt damit der finanzielle Anreiz, der Gewerkschaft beizutreten; die anderen Vorteile der Zugehörigkeit — Prozeßvertretung, Streikunterstützung,

[2] Vgl. hierzu Denecke, RdA 1961, 13.

Hilfe in sonstigen Lebenslagen — haben eine eigene Werbewirkung offenbar nicht zu entfalten vermocht. Es trägt also eine Minderheit die Last der ganzen Arbeit, die allen zu Gute kommt. Daß die Gewerkschaften dies erbittert, ist verständlich. Sie haben denn auch bald nach ihrer grundsätzlichen Anerkennung als Träger der sozialen Autonomie nach Mitteln und Wegen gesucht, dem abzuhelfen. Sie fanden sie in den Formen der sog. *Organisations- oder Absperrklausel,* durch die der Arbeitgeber verpflichtet wurde, nur Organisierte oder nur Mitglieder bestimmter Organisationen (in der Weimarer Zeit vielfach der in den drei Dachverbänden der sozialistischen, der christlichen und der Hirsch-Dunckerschen Gewerkschaften zusammengefaßten Verbände) einzustellen oder sich bei der Arbeitsvermittlung tariflicher Arbeitsnachweise zu bedienen, die nur den Organisierten zu Gute kamen, und in der *Tarifausschlußklausel,* also einer Vereinbarung, durch die die Außenseiter nicht von der Arbeit selbst, wohl aber von einzelnen Vergünstigungen des Tarifvertrages ausgeschlossen werden.

1. *Organisationsklauseln* haben die Öffentlichkeit schon vor dem Ersten Weltkrieg bewegt, sie waren insbesondere im Tarifwerk für das Buchdruckergewerbe enthalten[3]. Auch in der Weimarer Zeit standen sie im Vordergrund des Interesses. Verträge mit Organisationsklauseln wurden etwa im Bereich der deutschen Kleinbahnen oder der Konsumgenossenschaften geschlossen; eine Absperrklausel enthielt auch der Vertrag zwischen dem deutschen Bühnenverein und der Genossenschaft deutscher Bühnenangehöriger[4]. Eine einhellige Meinung über die Zulässigkeit dieser Klausel hat sich in Literatur und Rechtsprechung nicht herausgebildet; die Stimmen, die die beschränkte oder auch nur die allgemeine Organisationsklausel für zulässig oder beide für unzulässig hielten, hielten sich in etwa die Waage, wobei die Ansichten auch innerhalb jeder Gruppe über die Begründung wie über die

---

[3] Vgl. dazu Zimmermann, Soziale Praxis 16, 77; 17, 332; ders., Verhandlungen des 29. deutschen Juristentages (1908) III 227 ff.; Koeppe, Jahrbuch für Nationalökonomie 1906, 744; Schultz, Verhandlungen des 29. DJT I 230 ff. (Beispiele ebd. II 332; IV 78); Kurlbaum, Die Organisationsklausel, bei Kaskel, Koalitionen und Koalitionskampfmittel (1925) 78 f.; Loewenheim, Absperrungs- und Begünstigungsmaßregeln in Tarif- und Einzelarbeitsverträgen, ZgesHRKR 91 (1928) 62 ff.; vgl. auch RGZ 60, 95.

[4] Vgl. RGZ 104, 327 ff.

Begrenzung auseinander gingen[5]. Das RG hat a.a.O. die Nichtigkeit wegen Verstoßes gegen Art. 159 Weimarer Verfassung dahingestellt sein lassen, aber ausgesprochen, daß die im Streit befindliche Organisationsklausel in concreto sittenwidrig sei, da sie die wirtschaftliche Existenz des Arbeitnehmers vernichte oder ihn zu einem Berufswechsel zwinge.

Nach 1945 sind solche Klauseln — vielleicht auch angesichts des abschreckenden Beispiels der Vereinigten Staaten[6] — nicht wieder aufgetaucht. Nach wohl einhelliger Ansicht verstoßen sie nunmehr gegen Art. 12 GG und sind deshalb unwirksam[7].

Die Weimarer Zeit bietet auch Beispiele für *Tarifausschlußklauseln.* Sitzler[8] berichtet 1920 aus dem Reichsarbeitsministerium, den Arbeitgebern würde neuerdings die Zusage abverlangt, daß Nichtorganisierte „den Tariflohn" nicht erhalten dürften; das Ministerium träte solchen Bestrebungen entgegen, sie gingen entschieden zu weit und stellten einen unbilligen Eingriff in einen fremden Rechtskreis dar. Kurlbaum[9] berichtet über Verhandlungen im Ruhrbergbau 1921, wonach die vier bedeutendsten Arbeitnehmerorganisationen gefordert hätten, der Soziallohn (Kindergeld) und die Urlaubsvergütung dürften nur an die Mitglieder der vertragschließenden Verbände gezahlt werden; zum Abschluß eines solchen Vertrages sei es indessen nicht gekommen. Eine ähnliche Forderung ist indessen Teil eines Bergarbeitertarifvertrages aus dem Jahre 1922 geworden, in dem die Nicht-

---

[5] Vgl. die Übersicht über den Stand der Diskussion bei Hueck-Nipperdey II (3.—5. Aufl. 1932)) 510 ff.; Kurlbaum (o. Anm. 3); Schneider, Die Bedeutung der Organisationsklausel in der Praxis, bei Kaskel, Koalitionen und Koalitionskampfmittel (1925) 87 ff.; Loewenheim (o. Anm. 3); Auerbach, Nichtorganisierte und Tarifvertrag, Diss. Halle 1932, 23 ff.; Schwar, Die Absperrungsklausel im Tarifvertrag, Diss. Köln 1933; im übrigen vgl. u. a. für die Zulässigkeit der Organisationsklausel unter Vorbehalt des Verstoßes gegen die guten Sitten Sinzheimer, JW 1921, 304 f.; Baum, NZfA 1922, 23 ff.; Biensfeldt, NZfA 1923, 533; dagegen Sitzler, Gewerbe- und Kaufmannsgericht 1920, 69; Gauss, JW 1921, 521; Bühler, NZfA 1922, 157 ff.; Oertmann, Deutsches Arbeitsvertragsrecht (1923) 272; Nolting-Hauff, NZfA 1928, 461 ff.

[6] Vgl. hierzu Biedenkopf, Unternehmer und Gewerkschaft im Recht der Vereinigten Staaten von Amerika (1961).

[7] Hueck-Nipperdey II 122 f.; Nikisch II 38; Krüger, BB 1956, 969. Nicht eindeutig Galperin, Festschrift Bogs 92, 102, 104. Man wird freilich den Vorbehalt machen müssen, daß die Wahl des Arbeitsplatzes wirklich und fühlbar eingeengt wird. Vereinbarungen zwischen kleineren Verbänden ohne Monopolstellung, daß die angehörigen Arbeitgeber vorzugsweise Mitglieder der vertragschließenden Gewerkschaft beschäftigen müssen, dürften noch im Rahmen des Zulässigen liegen.

[8] Gewerbe- und Kaufmannsgericht 1920, 69.

[9] Oben Anm. 3.

organisierten von einer Reihe von Vergünstigungen (Kindergeld, Hausstandsgeld, bezahlter Urlaub, Deputatkohle) ausgeschlossen waren und im Lohn so gestellt wurden, daß sie jeweils um 10,— Mark pro Schicht hinter den Löhnen der Organisierten zurückblieben[10]. Eine Klausel in einem von den Gewerkschaften vorgeschlagenen Tarifvertrag für das mitteldeutsche Braunkohlengebiet: „Hausstands-, Kinder- und Urlaubsgeld darf denjenigen Arbeitern, die nicht in einem der am Tarifvertrag beteiligten Verbände organisiert sind, nicht gezahlt werden" wurde von den Unparteiischen, die darüber einen Schiedsspruch zu fällen hatten, nicht gebilligt[11]. Eine weite Verbreitung scheinen solche Abreden indessen nicht gefunden zu haben; sie stießen wohl überwiegend auf Ablehnung[12], in den späteren Jahren verlieren sich die Nachweise.

2. Nach 1945 haben die organisationspolitischen Sorgen der Gewerkschaften zwei Formen angenommen, die einander in gewissem Sinne widersprechen. Die erste mündete in der Forderung der IG Bau — Steine — Erden auf Erhebung eines *Solidaritätsbeitrages* bei den Außenseitern, der auf dem Gedanken der Repräsentation (unten S. 36) und des Vorteilsausgleiches beruht[13]. Der Plan wurde wieder fallen gelassen, da sich die tatsächlichen und rechtlichen Widerstände als zu mächtig erwiesen; es war auch nicht zu verkennen, daß mit sei-

---

[10] Auerbach (o. Anm. 5) 24.

[11] Soziale Praxis 1922, 330, 418 f.

[12] Vgl. Zimmermann, Soziale Praxis 1922, 163 („tarifliche Deklassierung"); Auerbach 24 Anm. 72; für die Zulässigkeit Loewenheim (o. Anm. 3) S. 179 mit Nachweisen; Nolting-Hauff (o. Anm. 5) 474 ff.; Anerkennungspraxis des Reichsarbeitsministeriums lt. Zimmermann, a.a.O. (Diese Bemerkung Zimmermanns widerspricht dem Bericht von Sitzler (Anm. 8) und dürfte nicht zutreffen.); für Zulässigkeit nur der allgemeinen Tarifausschlußklausel Hueck-Nipperdey II (3.—5. Aufl. 1932) 512.

[13] Einen Solidaritätsbeitrag hat schon Melsbach, Deutsches Arbeitsrecht (1923) 132 als eine Steuer der Unorganisierten zum Ausgleich der ihnen zuwachsenden Vorteile ins Auge gefaßt. Zum heutigen Stand der Diskussion vgl. Heußner, Der Schutz des Außenseiters vor Koalitionszwang (Diss. Marburg 1953); ders., RdA 1960, 295 ff.; A. Hueck, Gutachten über die tarifrechtliche Zulässigkeit der Erhebung eines Solidaritätsbeitrages vom 11. 3. 1961; vgl. auch RdA 1961, 141 ff.; Kauffmann, AuR 1961, 267; Kettner, AG 1961, 104 ff.; Krüger, Sieben Thesen zur verfassungsrechtlichen Problematik des sogenannten Solidaritätsbeitrages, nicht veröffentlichtes Rechtsgutachten; Merker, DB 1960, 1127; ders., DB 1961, 204; Müller, Gedanken zum Solidaritätsbeitrag, masch.-schr. Manuskript; Ridder, Gestattet das Grundgesetz für die Bundesrepublik Deutschland die Erhebung sogenannter Solidaritätsbeiträge?, nicht veröffentlichtes Rechtsgutachten; Schwaabe, Die Zulässigkeit von Solidaritätsbeiträgen im Arbeitsrecht, Münchner Diss. 1962.

ner Verwirklichung ein Weg beschritten worden wäre, der die Struktur der Gewerkschaft nicht unverändert hätte lassen können. Trotzdem ist offenbar, daß diese Lösung des Existenzproblems der Gewerkschaften ihrer Repräsentationsaufgabe besser entspricht als der Weg der *Differenzierung* und des *Ausschlusses der Außenseiter von tariflichen Leistungen*, der sich nunmehr als organisationspolitischer Ersatz anbot. Auch hier war die IG Bau — Steine — Erden der Vorreiter.

Ein erster Versuch, ein *zusätzliches Urlaubsgeld* für Mitglieder der IG Bau — Steine — Erden in Höhe von 80,— DM zu erreichen, scheiterte freilich wie der vorangegangene Versuch um den Solidaritätsbeitrag am Widerstand der Arbeitgeber[14]. Dagegen hatte diese Gewerkschaft Erfolg bei ihrem Versuch, für die Mitglieder *höhere Altersrenten* durchzusetzen. Grundlage hierfür ist die durch Tarifvertrag vom 28. Oktober 1957 errichtete Zusatzversorgungskasse des Baugewerbes[15], die zusätzliche Beihilfen zum Altersruhegeld und zur Berufs- und Erwerbsunfähigkeitsrente wie auch zeitlich begrenzte Beihilfen zur Witwenrente gewährt. Augenblickliche Grundlage ist der Tarifvertrag vom 12. November 1960 in der Fassung vom 9. September 1965. Zur Finanzierung der Leistungen hat der Arbeitgeber 0,06 DM an die Kasse abzuführen; dieser Betrag ist gemäß dem zugehörigen Verfahrenstarifvertrag in einer Gesamtsumme enthalten, die in Höhe von 11,3 % der Bruttolohnsumme abgeführt wird und aus der auch die Leistungen der Urlaubskasse und der Lohnausgleichskasse für das Baugewerbe gespeist werden; für die Zusatzversorgungskasse werden hiervon etwa 1,6 % (bisher: 2,1 %) in Anspruch genommen. Die Gewährung der Beihilfe setzt voraus, daß der Rentner vor Eintritt der Bezugsberechtigung aus der Sozialversicherung eine Tätigkeit im Baugewerbe ausgeübt hat. Seine Ansprüche richten sich gegen die Zusatzversorgungskasse, diese wiederum ist gegenüber dem Arbeitgeber unmittelbar forderungsberechtigt[16]. Die Verträge von 1960 wurden alsbald für allgemeinverbindlich erklärt. Durch Tarifvertrag vom

---

[14] Vgl. RdA 1962, 18, 73; Leber, RdA 1962, 18 ff.

[15] Hierzu vgl. Schelp, Gemeinsame Einrichtungen der Tarifvertragsparteien, Festschrift Nipperdey II (1965) 579 ff. — Inzwischen ist auch eine Zusatzversorgungskasse für das Dachdeckerhandwerk errichtet worden, vgl. Der Grundstein 17 (1966) 5.

[16] Blumensaat-Geerling-Leber, Urlaub, Lohnausgleich und Zusatzversorgung im Baugewerbe (1961) 293 gründen diese Forderungsberechtigung auf einen Vertrag zwischen Arbeitgeber und Arbeitnehmer zugunsten der Kasse, § 328 BGB. Diese Konstruktion ist indessen entbehrlich, da die Beitragsverpflichtung ohnehin gem. § 4 II TVG normativ wirkt.

10. August 1962 (jetzige Fassung vom 30. Oktober 1964 / 9. September 1965) wurde nach wechselvollen Verhandlungen, die die Beteiligten bis an den Rand des Arbeitskampfes brachten[17], eine weitere Vereinbarung getroffen, die zusätzliche Versorgungsrenten für Bauarbeiter vorsieht, die längere Zeit ununterbrochen im Baugewerbe tätig gewesen waren und solche, die entsprechende Zeit ununterbrochen der Gewerkschaft (nicht notwendig der IG Bau — Steine — Erden) angehört hatten[18]. Damit war der Grundsatz der Differenzierung erstmalig nach 1945 wieder in einem Tarifvertrag verankert. Er enthält zwar keine Tarifausschlußklausel, doch bewirkt die Ausschüttung dieser Leistungen durch die Zusatzversorgungskasse, daß ein Unterlaufen der Bevorzugung der Gewerkschaftsmitglieder durch die Arbeitgeber praktisch ausgeschlossen ist. Die Mittel für diese Sonderbeihilfen werden aus den Beiträgen entnommen, soweit die der Zusatzversorgungskasse zugeführten 1,6 % der Bruttolohnsumme die für die Beihilfen aus dem Tarifvertrag von 1960 benötigten 0,06 DM pro geleisteter Arbeitsstunde übersteigen. In der Folgezeit wurde der Tarifvertrag von 1962 nur in dem Teil, der die Zusatzrente für langjährige Berufszugehörigkeit vorsah, für allgemeinverbindlich erklärt; die Begünstigung der Gewerkschaftszugehörigkeit wurde von der Allgemeinverbindlicherklärung ausgeklammert. Damit ergab sich das ungereimte Ergebnis, daß zwar die Aufbringung der Mittel im Verfahrenstarifvertrag von 1960 allgemeinverbindlich war, ihre Verteilung jedoch insoweit dieser Wirkung entbehrte, als Leistungen wegen der Zugehörigkeit zur Gewerkschaft erbracht wurden. Daß die Arbeitgeber in Bauindustrie und Baugewerbe zu etwa 90 % über die beiden vertragschließenden Verbände[19] tarifgebunden sind, vermochte die praktische, nicht aber die rechtliche Schwierigkeit dieser Lage zu mindern. Die Neufassung des Grundtarifvertrages und des Verfahrenstarifvertrages vom 9. September 1965 wurde nunmehr in der Weise allgemeinverbindlich erklärt, daß die Ausklammerung der Beihilfe für die Gewerkschaftszugehörigkeit auch auf den Verfahrenstarifvertrag erstreckt wurde. Damit ist jener Widerspruch beseitigt.

Als nächstes konnte die Gewerkschaft Textil-Bekleidung eine Differenzierung nach der Gewerkschaftszugehörigkeit, und zwar bei der Bemessung eines *zusätzlichen Urlaubsgeldes*, erreichen[20].

---

[17] Vgl. RdA 1962, 232.

[18] Vgl. unten Anhang I.

[19] Zentralverband des deutschen Baugewerbes e. V. und Hauptverband der deutschen Bauindustrie e. V.

[20] Zum Folgenden vgl. Freiheit und Verantwortung. Gedanken und Argumente zur Lösung einer gesellschaftspolitisch bedeutsamen Frage (Dokumentation der Gewerkschaft Textil - Bekleidung 1965).

In einem Tarifvertrag vom 27. Juni 1963 mit der Arbeitsgemeinschaft der Miederindustrie e. V. wurde die Zahlung von jährlichen Leistungen in Höhe von 2,5 % (ab 1. Januar 1965: 3 %) der Bruttolohnsumme an einen *Verein „Berufs- und Lebenshilfe für die Arbeitnehmer der Miederindustrie e. V."* vereinbart. Der Verein ist verpflichtet, mindestens 30 % dieser Gelder an die von der Gewerkschaft Textil — Bekleidung zu errichtende gemeinnützige *Stiftung „Berufs- und Lebenshilfe"* weiterzuleiten und den verbleibenden Restbetrag unmittelbar zur Pflege und Förderung der Gesundheit aller gewerblichen Arbeitnehmer der Betriebe, die der Arbeitsgemeinschaft der Miederindustrie angehören, zu verwenden. Die Mitgliedschaft der AN zur Gewerkschaft Textil — Bekleidung „kann dabei berücksichtigt werden". Für das Jahr 1965 waren aus diesen Geldern folgende Ausschüttungen vorgesehen: für alle AN Krankengeld in Höhe von 3,— DM täglich vom 43. bis zum 60. Krankheitstag, Kurgeld bei ärztlich angeordneter Kur oder Heilverfahren in Höhe von 100,— DM und Erholungsgeld für den Urlaub, gestaffelt nach der Betriebszugehörigkeit zwischen 30,— DM und 60,— DM; nur *für Gewerkschaftsmitglieder ein zusätzliches Urlaubsgeld* je nach der Dauer der Gewerkschaftszugehörigkeit in Höhe von gleichfalls 30,— DM bis 60,— DM. Die Stiftung Berufs- und Lebenshilfe wurde inzwischen ebenfalls ins Leben gerufen; sie wird sich hauptsächlich der staatsbürgerlichen und beruflichen Bildungsarbeit zuwenden.

Einen ähnlichen Vertrag schloß die Gewerkschaft Textil — Bekleidung am 14. September 1963 mit dem Verband der saarländischen Textil- und Lederindustrie e. V. Sein entscheidender Passus lautet: „Die Gewerkschaft Textil — Bekleidung errichtet für ihre Mitglieder eine Kasse, deren Mittel für die Erhaltung der Arbeitskraft sowie zur Förderung der Gesundheit und Erholung verwandt werden. Die zum fachlichen Geltungsbereich des Verbandes der saarländischen Textil- und Lederindustrie gehörenden Betriebe verpflichten sich, 1 % der Bruttolohn- und -gehaltssumme über den Verband in diese Kasse einzuzahlen." Aus den Beiträgen wurden 1964 und 1965 den Gewerkschaftsmitgliedern ein *zusätzliches Urlaubsgeld* von jeweils 100,— bis 120,— DM ausgeschüttet.

Dagegen ist die von der Gewerkschaft Ende 1964 erstrebte Ausdehnung dieser Verträge auf andere Tarifgebiete am Widerstand der AG-Verbände gescheitert. Deshalb verlegte die Gewerkschaft ihr Gewicht auf den Abschluß von Firmentarifverträgen, von denen auch 25 mit mehr oder weniger gleichlautendem Inhalt zustande kamen. Kernpunkt dieser Verträge ist die *Ausschüttung eines Urlaubsgeldes*, das nach der Länge der Betriebszugehörigkeit und der Gewerkschaftszugehörigkeit gestaffelt ist. Auf die Gründung eigener Kassen wurde vielfach verzichtet und stattdessen die Zahlung auf ein Treuhandkonto vorgesehen, das von Treuhändern verwaltet wird, die —

hier finden sich Unterschiede — z. T. von der Gewerkschaft allein, z. T. von Gewerkschaft, Arbeitgeber und Betriebsrat, z. T. paritätisch von Arbeitgeber und Gewerkschaft bestellt werden. In den Verträgen finden sich auch erstmals *Tarifausschlußklauseln* in verschiedener Gestalt, von der Gewerkschaft „Benachteiligungsverbot“ genannt. — Zwei Firmen der westfälischen Bekleidungsindustrie, die sich zum Abschluß eines solchen Vertrages nicht bereit fanden, wurden bestreikt. Während der Streik bei der einen Firma nach 1½ Tagen zu dem von der Gewerkschaft erstrebten Erfolg führte, gab die andere Firma nicht nach (Wortlaut des ihr vorgelegten Tarifvertrages s. u. Anhang II). Alsbald wurden auch die Arbeitsgerichte eingeschaltet. Am 4. März 1965 erhob der Verband der Bekleidungsindustrie für Westfalen Klage vor dem Arbeitsgericht Düsseldorf mit der Bitte um Feststellung, daß es rechtswidrig sei, die tarifliche Forderung auf Bildung selbständiger Kassen mit dem Ziel bevorzugter Leistung an die Gewerkschaftsmitglieder durch Arbeitskampf durchzusetzen. Später wurde der Klageantrag umgestellt; gefordert wurde nunmehr Verurteilung der GTB zur Unterlassung der Fortsetzung des Streiks und zum Ersatz des Schadens; in einer noch späteren Phase des Verfahrens trat die Klage auf Feststellung der Unwirksamkeit von acht der genannten Firmentarifverträge hinzu. Am 7. Mai 1965 erließ das Arbeitsgericht nach mündlicher Verhandlung eine einstweilige Verfügung, die die Fortführung des Streiks untersagte; dieser wurde daraufhin abgebrochen. In der Hauptsache entschied das Arbeitsgericht durch Urteil vom 9. Juni 1965 in allen Punkten gegen die Gewerkschaft (s. u. Anhang III); dieses Urteil wurde vom Landesarbeitsgericht Düsseldorf durch Entscheidung vom 1. September 1965 mit Ausnahme der begehrten Feststellung der Unwirksamkeit der anderen Tarifverträge im wesentlichen bestätigt (u. Anhang IV).

Damit sind wir in der Gegenwart angelangt. Dem Beispiel der Bau- und Textilarbeiter folgend, hat auch die Gewerkschaft Holz ähnliche Pläne vorgelegt, die die Gründung einer paritätisch verwalteten *Vorsorgekasse des deutschen Holzgewerbes* als gemeinsame Einrichtung vorsehen; die Arbeitgeber sollen 2 % der Bruttolohn- und -gehaltssumme einzahlen, die den gewerkschaftsgebundenen Arbeitnehmern[21] ein *zusätzliches Urlaubsgeld* zu gewähren gestatten soll;

---

[21] Zum Folgenden vgl.: Ein Schritt voran, die Vorsorgekasse des deutschen Holzgewerbes (Dokumentation der Gewerkschaft Holz 1965). — Die zur Umschreibung der begünstigten Arbeitnehmer gewählte Terminologie ist uneinheitlich. In der Begründung des Vorschlages zur Gründung der Vorsorgekasse heißt es, die „gewerkschaftlich gebundenen Arbeitnehmer“ sollten Anspruch auf das zusätzliche Urlaubs-

weitere Ziele der Kasse sind Errichtung und Unterhaltung von Urlaubs- und Erholungsstätten, die Forschung zur Verbesserung der Arbeitsbedingungen im Holzgewerbe und die Förderung der Berufsausbildung und Schaffung von Ausbildungsstätten. Die Bewegung dürfte auch damit noch nicht an ihrem Höhepunkt angelangt sein; die Forderung nach Differenzierung zugunsten der Gewerkschaftsmitglieder hat sich auch in Anträgen zu Gewerkschaftstagen anderer DGB-Gewerkschaften niedergeschlagen.

---

geld haben (an keiner Stelle ist von einer Beschränkung auf die Mitglieder der Gewerkschaft Holz die Rede). Diese Arbeitnehmer werden in Nr. 4 des Tarifvertragsentwurfes als die „unter den persönlichen Geltungsbereich fallenden Arbeitnehmer", in § 3 I der Satzung jedoch als die „tarifgebundenen Arbeitnehmer" bezeichnet.

Zweiter Teil

Die rechtlichen Grundlagen

I. Grenzen richterlicher Rechtsfindung

Ausgelöst durch die beiden Düsseldorfer Entscheidungen, beschäftigen sich die folgenden Ausführungen im Wesentlichen mit den von ihnen aufgeworfenen Rechtsfragen. Ein Urteil darüber, ob der Richterspruch im Ergebnis richtig oder falsch war, kann ich freilich nicht fällen, da der Sachverhalt, über den bis zuletzt zwischen den Beteiligten gestritten wurde, in all seinen Einzelheiten dem Außenstehenden nicht bekannt ist. Wenn ich auch mit den Kernpunkten der Begründung des Arbeitsgerichts und Landesarbeitsgerichts Düsseldorf nicht einverstanden bin, wie im Folgenden darzulegen sein wird, so sind die Urteile doch ein nützlicher Hinweis darauf, daß wir es bei den Dingen, die uns hier beschäftigen, mit Rechtsfragen zu tun haben. Das hindert nicht, daß sie auch politische Fragen sind; im Gegenteil sind sie für die Entwicklung der Gewerkschaften, den Weg, den sie wählen werden, für ihr Verhältnis zur Gesellschaft von höchster politischer Bedeutung; aber sie sind nun einmal eingespannt in den Rahmen des Rechts, und sollte eine unvoreingenommene Beurteilung der Rechtslage ergeben, daß die Gewerkschaft ihr Ziel mit den Mitteln des geltenden Rechts nicht zu erreichen vermag, dann muß sie sich dem beugen. Es bliebe ihr, Abhilfe durch Änderung des Gesetzes zu suchen, das ja nicht unabänderlich ist, und zwar auf dem Wege, der hierfür vorgezeichnet ist, nämlich letztlich mit dem Stimmzettel ihrer Anhänger und aller derer, die sie für die Gerechtigkeit ihrer Ziele zu gewinnen versteht.

Aber was ist hier „das Recht"? In keinem anderen Bereich ist das Recht richterlicher Fortbildung und Umgestaltung so ausgesetzt wie im Arbeitsrecht. Das hat seinen Ausgang von der ursprünglichen Enthaltung des Gesetzgebers genommen, der, wie in § 105 GewO, glaubte, den Inhalt des Arbeitsverhältnisses der Vereinbarung der Parteien überlassen zu können, und der doch dabei übersah, daß der rechtlichen Gleichordnung eine wirtschaftliche Unterlegenheit des Arbeitnehmers gegenüberstand, die den Vertrag zum Diktat des Arbeitgebers werden ließ. Später kam die Neigung des Gesetzgebers hinzu, sich der konkreten Regelung durch das Ausweichen auf Generalklauseln zu entziehen, deren Ausfüllung wiederum dem Richter überlassen wurde, soweit man politisch heikle Dinge nicht überhaupt ungeordnet ließ. Auch die Prüfung aller arbeitsrechtlichen Normen am Maßstab der Grundrechte hat das Feld richterlicher Rechtsschöpfung bedeutend erweitert[1]. So ist denn die Versuchung für den Richter übermächtig, ähnlich wie das Arbeitsvertragsrecht, wo dies notwendig ist, auch das kollektive Arbeitsrecht in eigener Rechtsschöpfung zu disziplinieren. Dies ist indessen ein gefährlicher Weg. Die Verfassung hat den Sozialpartnern ein weites Feld eigenverantwortlicher Tätigkeit abgesteckt und ihnen innerhalb dieses Rahmens die Wahl ihrer Mittel und Ziele freigestellt, eingedenk der Erfahrung, daß die Gesellschaft ihre Angelegenheiten am besten selbst in Ordnung hält, und daß es die fruchtbare Fülle des Lebens drosseln muß, wenn der Staat alles zu regeln unternimmt. So sehr nun der Richter auch im kollektiven Bereich der Hüter über die Einhaltung des vom allgemeinen Wohl geforderten Mindestmaßes ist, jenseits dessen das Tun des Einzelnen rechts- und sittenwidrig wird, so sehr sollte er sich ernsthaft prüfen, bevor er innerhalb dieser Grenzen der sozialen Selbstverantwortung an die gesellschaftlichen Spannungen einen *Raster richterlicher Rechtsfortbildung* legt, um nur den Gebrauch der Freiheit zu genehmigen, der sich in diesen Raster einfügt. Das ist nicht seines Amtes. Erinnern wir uns der geschichtlichen Zusammenhänge: Ausgangspunkt war der Grundsatz der Vertragsfreiheit. Wo sich zwei Personen gleichgeordnet und gleich mächtig gegenüberstehen, galt und gilt das von ihnen Vereinbarte, ohne daß

---

[1] Dazu Gamillscheg, Die Grundrechte im Arbeitsrecht, AcP 1964, 385 ff.

der Richter sein Ermessen von dem, was recht und billig ist, an die Stelle dessen setzen dürfte, was die Parteien für gut befunden haben; insoweit ist auch heute noch jeder seines Glückes Schmied. Anders ist es, wo das wirtschaftliche Ungleichgewicht den Schluß sachgemäßer Interessenwahrung nicht mehr erlaubt, wie beim Arbeitsvertrag des Einzelnen; hier eröffnet sich das weite Feld richterlicher Angemessenheitskontrolle. Wo indessen das wirtschaftliche Gleichgewicht durch den Zusammenschluß gleichgerichteter Interessen wieder hergestellt ist, tritt auch die ursprüngliche Vertragsfreiheit, nunmehr auf kollektiver Ebene, wieder in ihr von der Verfassung gesichertes Recht. Solange Gesetz, öffentliche Ordnung und gute Sitten nicht verletzt sind, ist der Gebrauch dieser Freiheit richterlicher Überwachung ebenso entzogen wie der Gebrauch der individuellen Vertragsfreiheit und des Eigentums. Das Recht kann „nur äußerste Begrenzungen und äußerste Rahmen setzen“[2]. Die Tarifparteien geben „sich selbst die Ordnung, die sie wollen, und das Recht unterbindet nicht die Mannigfaltigkeit des Tariflebens“[3]. Die Rechtsprechung hat im Bereich des Arbeitskampfes der Versuchung weitergehender Verrechtlichung nicht immer widerstanden; das Problem der Grenzen der Tarifmacht, das uns im 3. Abschnitt beschäftigen wird, wirft ähnliche Probleme auf. Solche richterlichen Normen sind indessen nicht geeignet, den zu überzeugen, der nicht ohnehin überzeugt wäre; auch obere Bundesgerichte sind zudem nicht immer einig, wie es etwa das Beispiel der Koalitionseigenschaft des Verbandes katholischer Hausgehilfinnen zeigt, die vom Bundesarbeitsgericht verneint, vom Bundesverfassungsgericht indessen bejaht wurde[4].

Die Vertragsfreiheit wird auch nicht dadurch beschnitten, daß die Tarifpartner zur Erzwingung des Vertragsabschlusses zum Arbeitskampf als letztem Mittel greifen. Auch bei individuellen Verträgen

---

[2] So mit Recht Gerhard Müller, Arbeitskammer des Saarlandes 1963, 151.

[3] Sinzheimer, Arbeitstarifgesetz 35.

[4] Vgl. BAG 19. 1. 1962, BAGE 12, 184 = AP Nr. 13 zu § 2 TVG (Neumann-Duesberg) = SAE 1962, 57 (Nikisch) = AuR 1962, 223 (Frey); BVerfG 6. 5. 1964, BVerfGE 18, 18 = AP Nr. 15 zu § 2 TVG = NJW 1964, 1267, dazu Reuß, RdA 1964, 362, Kunze, BB 1964, 1311 ff.

gleich Starker — etwa dem Arbeitsvertrag einer Schlüsselkraft — ist es selbstverständlich, daß hinter den Verhandlungen die Drohung steht, nicht abzuschließen und damit dem Partner die eigene Leistung vorzuenthalten, mag dieser noch so sehr darauf angewiesen sein, mag er das ihm abverlangte noch so widerwillig zugestehen. Der Streik ist nur die Übersetzung dieses freien Spiels der Kräfte in die kollektive Ebene.

In diesem Zusammenhang ist auch auf das Problem des *Rechtsirrtums beim Streik* einzugehen. Das Bundesarbeitsgericht hat in seiner Entscheidung zum schleswig-holsteinischen Metallarbeiterstreik[5] den Leitsatz aufgestellt, wer einen tarifwidrigen Arbeitskampf beginne, könne sich zum Ausschluß seines Verschuldens nicht ohne weiteres darauf berufen, daß er die Rechtslage unrichtig beurteilt hätte. Ein solcher Rechtsirrtum sei in der Regel vermeidbar. „Wer einen Arbeitskampf entfesselt, muß damit rechnen, daß die von ihm vertretene Rechtsauffassung nicht zutrifft. Wird er gleichwohl aktiv, muß er das Risiko tragen." In der Entscheidung zum wilden Streik in einer Nürnberger Schuhfabrik[6] sagt das Gericht in diesem Zusammenhang, wer einen Streik „beginnt, hat eine besondere Verpflichtung, sich von der Rechtmäßigkeit des von ihm geplanten Schrittes zu überzeugen; dabei muß wegen der Schwere des mit dem Streik gegebenen Eingriffes auch angenommen werden, daß sich die Erkenntnis dieser Pflicht geradezu aufdrängt. Beginnen AN einen Streik, ohne sich vorher nach Kräften von seiner Rechtmäßigkeit zu überzeugen, so ist in der Regel ein Verschulden anzunehmen, wenn sich später die Rechtswidrigkeit des Streiks herausstellt." Diese Sätze sind problematisch. Ein Rechtsirrtum setzt schon gedanklich die Vorstellung vom Bestehen eines Rechtssatzes voraus, die deshalb irrig ist, weil sie mit dem wirklich bestehenden Rechtssatz nicht übereinstimmt. Das ist aber nur möglich, wenn es diesen Rechtssatz in einer Gewißheit gibt, über die kein Zweifel sein kann, also in der Form von Gesetz oder gefestigter und stetiger Rechtsprechung[7]. Wo es daran fehlt, wie offensichtlich bei der bis zu dem zweitgenannten Urteil höchstrichterlich noch nicht entschiedenen Frage der Rechtmäßigkeit des wilden Streiks, fehlt es an dem Gegenstand, über den man sich von Rechts wegen irren kann. Ohne Rechtssatz kein Rechtsirrtum. Die nachträgliche Klärung der Rechtslage durch

---

[5] BAG 31. 10. 1958, AP Nr. 2 zu § 1 TVG Friedenspflicht. = BAGE 6, 321.

[6] BAG 20. 12. 1963, AP Nr. 32 zu Art. 9 GG Arbeitskampf = BAGE 15, 174 ff. (196).

[7] So mit Recht Mayer-Maly in seiner Besprechung der 2. Entscheidung in AP a.a.O.

Richterspruch kann einen Rechtsirrtum ebensowenig begründen wie die Schaffung einer neuen Rechtslage durch ein späteres Gesetz.

Auch mit den Kategorien des Verschuldens kommt man hier nicht weiter. Fahrlässig handelt, wer die im Verkehr erforderliche Sorgfalt verletzt. Nur solches Tun ist aber „erforderlich", das irgend einen Erfolg verspricht, das den Schaden zu hindern überhaupt geeignet ist; daran fehlt es hier, denn selbst bei Anwendung höchster Sorgfalt kann bis zur höchstrichterlichen Klärung niemand wissen, wie schließlich die Frage entschieden werden wird. Die in jenem Falle streikenden Arbeitnehmer konnten der Rechtsmeinung des sie „abmahnenden" Gewerkschaftssekretärs die Meinung eines Alfred Hueck entgegenhalten, die den wilden Streik für zulässig ansieht und die von Nikisch[8] sogar als h. M. bezeichnet wird. Wer unter solchen Umständen von einer verfassungsrechtlich gesicherten Freiheit Gebrauch macht, handelt auch nicht vorwerfbar im Sinne der strafrechtlichen Schuldlehre. Es kann schließlich auch keine Rede davon sein, daß, wer die Zweifelhaftigkeit der Rechtslage kennt, das Risiko übernähme, für einen Rechtsirrtum einstehen zu müssen[9]; denn diese Überlegung verschiebt das Verschulden sogar in die Kategorie des bedingten Vorsatzes. Wenn die genannte Rechtsprechung Bestand haben soll, dann ist die Folgerung unabweisbar, daß der Streikende insoweit ohne Verschulden haftet. Es wäre dies eine objektive Haftung, vergleichbar der Gefährdungshaftung oder der Haftung des § 717 II ZPO; die Führung eines Arbeitskampfes würde dann wie die vorzeitige Vollstreckung zu den riskanten Rechten gehören, wobei es nur eine geringe Verschiedenheit bedeutet, daß es sich hierbei nicht um eine Haftung aus rechtmäßigem, sondern aus unerkannt rechtswidrigem Tun handeln würde. Dieser Risikogedanke kommt ja auch im zitierten Leitsatz zum Ausdruck, ohne daß freilich das Gericht erkennt, daß es damit etwas aussagt, was mit der vorher angenommenen Verschuldenshaftung unvereinbar ist. Sollte dies richtig sein und der Arbeitskampf eine objektive Haftung begründen, dann folgt daraus aber zwingend, will man nicht die von der Verfassung garantierte Betätigungsfreiheit der Tarifpartner schwer verletzen, daß auch nur solche Arbeitskämpfe als rechtswidrig betrachtet werden dürfen, die wirklich für jedermann erkennbar gegen die öffentliche Ordnung oder die guten Sitten verstoßen. Das bedeutet zwar nicht, daß man sich bei der Beschreibung der Grenzen der Arbeitskampffreiheit wieder auf diese beiden Formeln zurückziehen müßte, wohl aber, daß jede Beschränkung und Kanalisierung von Streik und Aussperrung dreimal geprüft und gewogen werden müssen, bevor man sie zu richterlichen Rechtssätzen erhebt. Das Filigrannetz richterrecht-

---

[8] Nikisch II 120.

[9] So das BAG in der 2. Entscheidung (BAGE 15, 209).

licher Detailregelung bedeutet für den Bezirkssekretär der Gewerkschaft weniger aesthetischen Genuß am Vollkommenen als vielmehr eine Fülle von Fallstricken, an denen er zu straucheln droht. Es muß aber möglich bleiben, daß ein Maurer, ein Textilarbeiter, eine Sekretärin die Tarifautonomie mit ihrer haupt- oder ehrenamtlichen Arbeit tragen. Es zerstört ihre Grundlagen, wenn wir von ihnen das Wissen und die Übersicht eines Universitätsprofessors oder eines Bundesrichters verlangen.

Wenn die Gerichte dies verkennen, beschreiten sie einen gefährlichen Weg. Eine Maßnahme kollektiver Interessenwahrung als Verstoß gegen das ungeschriebene Recht oder als Überschreitung der von ihm gezogenen Grenzen zu verbieten, bedeutet, dem Kämpfenden in den Arm zu fallen und objektiv gegen ihn Partei zu nehmen. Da die Gewerkschaften der Natur der Sache nach in der Regel die Angreifer sind — sind es doch die Unternehmer, die den Erlös der Arbeit verwalten, um dessen Verteilung es geht —, richtet sich dies auch überwiegend gegen sie. Schon hat man das Bundesarbeitsgericht vernehmlich der Parteilichkeit zugunsten der Unternehmer geziehen[10] — gewiß zu Unrecht. Aber ein Bodensatz des Unbehagens bleibt, der den Richter davor bewahren sollte, im Tarif- und Arbeitskampfrecht, die es mit den „nervösesten Teilen des Soziallebens" (Sinzheimer) zu tun haben, aus allgemeinen Erwägungen heraus allzu schnell allzu konkrete Schlüsse zu ziehen, namentlich wenn sie eine eingeführte tarifliche Praxis umstoßen und wenn mit ihnen Ersatzpflichten für Millionenschäden verbunden sind[11].

Diese Mahnung gilt aber auch für die anderen Beteiligten. Es ist die Versuchung groß, die Gestaltungsmittel des Rechtes den verbandspolitischen Zwecken dienstbar zu machen und sich der Auseinandersetzung dadurch zu entziehen, daß man dem Gegner die Waffe mit rechtlichen Argumenten aus der Hand zu schlagen versucht, und zwar auch bei Dingen, über die Verfassung und Gesetz schweigen und wo die Vermutung besteht, daß sie noch innerhalb des Bereiches selbstverantwortlicher Regelung durch die Sozialpartner liegen. Man sollte

---

[10] Vgl. Ramm, Die Rechtsprechung des Bundesarbeitsgerichts, JZ 1964, 494 ff., 546 ff., 582 ff.; dagegen Gamillscheg, Nipperdey und sein Kritiker, JZ 1965, 47 ff.

[11] Ähnlich Biedenkopf 81.

mit dieser Übung brechen. Es ist dies schlechter Stil und schlechter Gebrauch der verfassungsmäßigen Freiheit, sich dem Kampf gegen Forderungen, die man nicht erfüllen will, nicht zu stellen, sondern die Verantwortung auf das Gericht abzuschieben. Es erinnert dies an die Rolle, die in der Weimarer Zeit die Zwangsschlichtung gespielt hat; dort war es der Staat, auf den die Verantwortung abgewälzt wurde. Die Sozialpartner können sich insoweit an den politischen Parteien ein Beispiel nehmen. Auch hier war es eine Zeit lang Mode gewesen, politische Entscheidungen dem Bundesverfassungsgericht zuzuschieben; die Parteien sind davon zum Glück seit längerem wieder abgekommen.

Ganz besondere Zurückhaltung ist bei *einstweiligen Verfügungen* geboten (und es verschlägt wenig, wenn sie auf mündliche Verhandlung ergehen). Streiks lassen sich nicht an- und ausknipsen wie eine Taschenlampe, ein vorschnelles Verbot durch einstweilige Verfügung kann einen ganzen Apparat zusammenbrechen lassen, der nicht beliebig wieder aufgerichtet werden kann. Schwierige und ungeklärte Rechtsfragen, wie sie meist in solchen Fällen gegeben sind (denn keine Gewerkschaft führt einen Arbeitskampf blindlings wider alle Vernunft und Einsicht), können nicht im Schnellverfahren entschieden werden. Die einstweilige Verfügung ist in aller Regel für kollektive Streitigkeiten ungeeignet[12].

Die Grenzen richterlicher Rechtsfindung sind nicht um dessentwillen auch Grenzen für den Gesetzgeber. Dieser hat vielmehr bei der Ausgestaltung des Tarifrechts sehr viel freiere Hand[13].

---

[12] Vgl. dazu Baur, Arrest und einstweilige Verfügung in ihrem heutigen Anwendungsbereich, BB 1964, 608: „Je schwerer der beantragte Eingriff in die Sphäre des Antragsgegners ist, je mehr insbesondere eine Erfüllung des geltend gemachten Anspruchs erstrebt wird, desto strengere Anforderungen sind an die Prüfung der materiellen Rechtslage und an die Glaubhaftmachung der tatsächlichen Anspruchsgrundlage zu stellen"; s. weiter Reuß, DB 1965, 818; Hessel, DB 1965, 972.

[13] Dazu Weber, Koalitionsfreiheit und Tarifautonomie als Verfassungsproblem (1965); BVerfGE 17, 330.

II. Die verfassungsrechtlichen Grundlagen

Übersicht. Das juristische Für und Wider der Differenzierung nach der Gewerkschaftszugehörigkeit und ihrer Absicherung durch eine Tarifausschlußklausel bewegt sich auf den beiden Ebenen der Verfassung und des Tarifrechts. Auch wir folgen dieser Einteilung. Wir fragen als Erstes: Was sagt die Verfassung zu Idee, Aufgabe und Schutz der Gewerkschaft; sodann: was sagt sie zum Schutz des Außenseiters? Wir prüfen dabei, ob die genannten Tarifverträge den Anspruch des Außenseiters auf Gleichbehandlung, seine negative und positive Koalitionsfreiheit und seine und des Arbeitgebers Vertragsfreiheit verletzen. Tenor dieser Fragen ist: „Darf das sein?" Als Zweites wenden wir uns dem Problem zu, ob das geltende Tarifrecht dem Begehren der Gewerkschaft, dessen verfassungsrechtliche Zulässigkeit wir festgestellt haben werden, auch die Mittel der Verwirklichung an die Hand gibt. Dabei fragen wir nach den Grenzen der Tarifmacht, insbesondere nach der Wirkungsweise der Tarifausschlußklausel und einer etwa zu errichtenden gemeinsamen Einrichtung, einschließlich der durch die Allgemeinverbindlicherklärung aufgeworfenen Besonderheiten. Tenor dieser Fragen ist: „Kann das sein?"

1. Die Grundlagen der Tarifautonomie

Ausgangspunkt ist Art. 9 III GG, der das Recht schützt, zur Wahrung und Förderung der Arbeits- und Wirtschaftsbedingungen Vereinigungen zu bilden. Dieses Grundrecht der Koalitionsfreiheit hat einen dreifachen Schutzbereich[1]: Es gewährt dem Einzelnen das Recht,

---

[1] Vgl. BVerfG 18. 11. 1954, E 4, 96 ff. (101, 106); 30. 11. 1965, DB 1966, 229; Huber II 381 ff.; von Mangoldt-Klein, Bonner Grundgesetz (2. Aufl. 1957) 327 ff.; Hueck-Nipperdey II 93, 106 ff.; Galperin, Festschrift Bogs 88 und AuR 1965, 2; Scheuner, Der Inhalt der Koalitionsfreiheit (1960) 36 ff.; Reuß, bei Reuß-Jantz, Sozialstaatsprinzip und soziale Sicherheit (1960) 13 f.; Schnorr, Festschrift Molitor 231 ff.; Weber (vorige Anm.) 11 ff.

Die Koalitionsfreiheit — nach Huber ein „Strukturprinzip der öffentlichen Wirtschafts- und Sozialordnung" — ist ein selbständiges Grundrecht, kein bloßer Unterfall der allgemeinen Vereinsfreiheit, wie dies die Zusammenfassung beider Freiheiten in Art. 9 GG erscheinen läßt: Huber II 381; Hueck-Nipperdey II 54; Dietz, Grundrechte 419; Bogs, ArbR.-Blattei B I 1; a. A. von Mangoldt-Klein V 1; Nikisch

sich mit Gesinnungsgenossen zusammenzuschließen, also die Koalitionsfreiheit im eigentlichen Sinn des Wortes, es werden sodann die so gebildete Koalition selbst und ihr Tätigkeitsbereich geschützt. Art. 9 III gibt ihr ein „Recht auf Existenz und Wirksamkeit" (Huber) (vgl. jetzt auch § 16 VereinsG). Diese Auslegung stützt sich auf eine Entwicklung, die bereits in der Weimarer Zeit angebahnt worden ist[2]. Kernstück des Tätigkeitsbereiches ist die Tarifautonomie. In der Entscheidung vom 18. November 1954 (oben Anm. 1) hat das Bundesverfassungsgericht dies dahingehend umschrieben, zum Kernbereich des Art. 9 III GG gehöre, daß ein Tarifvertragssystem überhaupt bereitzustellen sei und daß Partner dieser Tarifverträge notwendigerweise frei gebildete Koalitionen seien. Weitergehend sagt das Gericht in der Entscheidung über die Koalitionseigenschaft des Verbandes der katholischen Hausgehilfinnen vom 6. Mai 1964 (oben S. 19 Anm. 4), die Verbände müßten sich spezifisch koalitionsgemäß betätigen können: „Die Koalitionsfreiheit umfaßt die Bildung, die Betätigung und die Entwicklung der Koalitionen in ihrer Mannigfaltigkeit und überläßt ihnen grundsätzlich die Wahl der Mittel, die sie zur Erreichung ihres Zweckes für geeignet halten; dem freien Spiel der Kräfte bleibt es überlassen, ob sie mit den gewählten Mitteln den erstrebten Erfolg erreichen." Insbesondere die Tariffähigkeit dürfte, so sagt das Gericht, vom Gesetzgeber nicht von Umständen abhängig gemacht werden, „die nicht von der Sache selbst, von der im allgemeinen Interesse liegenden Aufgabe der Ordnung und Befriedung des Arbeitslebens gefordert sind". Das Bundesarbeitsgericht steht offensichtlich auf dem gleichen Standpunkt; es sagt von der selbstverantwortlichen Abgrenzung der Zuständigkeit der Gewerkschaften, es würde „einen unzulässigen, mit Art. 9 GG nicht zu vereinbarenden Eingriff in die Entschließungsfreiheit und Selbstbestimmungsbefugnis der Gewerkschaft darstellen, wollte man ihr versagen, ihren Zuständigkeitsbereich

---

II 21 f. Die Ordnungsaufgabe der Koalitionsfreiheit hebt sich von der allgemeinen Vereinsfreiheit, durch die lediglich eine staatsfreie Sphäre gewährleistet wird, deutlich ab, ihr Pflichtcharakter ist auf die allgemeine Vereinsfreiheit auch kaum übertragbar.

[2] Vgl. RGZ 111, 199 (202); weitere Nachweise für die Weimarer Zeit bei Schnorr, Festschrift Molitor 232 Anm. 6.

selbst zu bestimmen"[3]. Auch der Standpunkt des Bundesgerichtshofes ist kein anderer. „Sollten die Gewerkschaften", so sagt das Gericht[4], „hierdurch [d. i. durch die Zuerkennung der aktiven Parteifähigkeit] gegenüber anderen, nicht rechtsfähigen Vereinen bevorzugt werden, so wäre zur Rechtfertigung dieser Bevorzugung anzuführen, daß die Gewerkschaften Träger zahlreicher öffentlicher Funktionen sind und eben wegen dieser Funktionen eine Sonderstellung einnehmen, die sie über die sonstigen privaten Vereine heraushebt". Die zitierten Sätze enthalten das Bekenntnis unserer oberen Bundesgerichte zur umfassenden Freiheit der Koalitionen: Freiheit der Tariffähigkeit als Voraussetzung ihrer Tätigkeit und Freiheit in den zu wählenden Mitteln, und zwar innerhalb des Rahmens, der durch die „Ordnung und Befriedung des Arbeitslebens" gezogen wird, die ihrerseits als öffentliche Aufgabe anerkannt werden.

Damit ist von der Verfassung ein *staatsfreier Raum* abgesteckt, die „Idee der sozialen Selbstbestimmung im Recht" verwirklicht, wie sie Sinzheimer schon vor 50 Jahren vor Augen gestanden ist[5]. In dem Vertrauen, daß die Sozialpartner von ihr den rechten Gebrauch machen werden, wurde für Ziel und Mittel ihrer Auseinandersetzung der Freiheit vor der Gewißheit der Vorrang eingeräumt, nicht anders als beim Einzelvertrag gleichstarker Partner, dessen Inhalt ebenfalls einer Angemessenheitskontrolle nicht unterliegt (oben S. 18 f.), wohl aber ganz anders als bei der Betriebs- und Unternehmensverfassung, in der der Gesetzgeber in detaillierter Form die Einflußbereiche von Arbeitgeber und Betriebsrat gegeneinander abgegrenzt und die Mittel der Interessenwahrung genau und abschließend bezeichnet hat. Andererseits ist die Ordnung und Befriedung des Arbeitslebens eine

---

[3] BAG 27. 11. 1964, SAE 1965, 203. Zur Anerkennung der besonderen Stellung der Verbände s. a. BAG 20. 5. 1959, BAGE 8, 16 (19).

[4] BGH 6. 10. 1964, BGHZ 42, 210 = AP Nr. 6 zu § 54 BGB = NJW 1965, 29; dazu Bulla, DB 1965, 620; Fenn, Jus 1965, 175.

[5] Arbeitstarifgesetz 181 ff.; s. a. Sitzler, Soziale Selbstverwaltung im demokratischen Staat, in: Sozialer Fortschritt 1952, 73 ff. und Schriften der Gesellschaft für sozialen Fortschritt Bd. 2 (1952); C. Schmid, Soziale Autonomie und Staat, ebd. Bd. 1 (1951); Scheuner, DÖV 1952, 609 ff. (614) und die folgenden Anmerkungen.

Aufgabe, die im *„allgemeinen Interesse“* liegt[6] und deshalb in einem Staat, der sich als sozialer Rechtsstaat versteht, nicht unerfüllt bleiben darf; überhaupt bei uns, wo die Arbeit für so gut wie einen jeden die einzige Quelle der Existenz und des Wohlstandes bedeutet. Es ergibt sich daraus zwingend, daß den Tarifpartnern die *Freiheit nicht zur beliebigen Verfügung* gegeben ist: Würde der Staat die Arbeitsbedingungen selbst festsetzen, so müßten wir von ihm ein Höchstmaß wirtschaftlicher Voraussicht wie sozialer Gerechtigkeit verlangen; nichts anderes gilt, wenn an seiner Stelle die Tarifpartner tätig werden. Die Koalitionsfreiheit hat eine besondere Pflichtseite. Diese betrifft den einzelnen Arbeitnehmer und die Koalition selbst.

a) Die Erkenntnis setzt sich immer mehr durch, daß die Freiheiten des Grundgesetzes nicht dem isolierten, sondern dem gesellschaftlich verstandenen Individuum gegeben sind[7]. Daraus folgt zwingend, daß die Gesellschaft nicht immer nur der gebende Teil sein kann, sondern auch und in wachsendem Maße Forderungen an den Einzelnen zu stellen berechtigt ist. Es mag sein, daß dies den Schöpfern des Grundgesetzes nicht so klar vor Augen gestanden ist; steckte ihnen doch noch der Abscheu vor dem Mißbrauch staatlicher Gewalt und der Verletzung aller Menschenrechte durch den Nationalsozialismus zu sehr in den Knochen, um unbefangen eine Gemeinschaftsbindung der neu erreichten Freiheiten zu statuieren. Aber schon damals ist „der Ge-

---

[6] Hierzu BVerfG, a.a.O.; Krüger, Staatslehre 497 f. Zur Anerkennung der Ordnungsaufgabe der Sozialpartner durch Bauwirtschaft und Baugewerkschaft vgl. Leber, o. S. 12 Anm. 14.

[7] Vgl. BVerfG 4, 15: „Das Menschenbild des Grundgesetzes ist nicht das eines isolierten souveränen Individuums; das Grundgesetz hat vielmehr die Spannung Individuum — Gemeinschaft im Sinne der Gemeinschaftsbezogenheit und Gemeinschaftsgebundenheit der Person entschieden, ohne dabei deren Eigenwert anzutasten“; vgl. hierzu weiter Krüger, BB 1956, 970; Galperin, Festschrift Bogs 97 f.; Maunz-Dürig, Bem. 4 zu Art. 2 I (keine unbegrenzte Robinson-Freiheit) und Bem. 25 ebd. (mit Nachweisen); Isele, JR 1960, 289; Schnorr, Festschrift Molitor 238 (mit Nachweisen). — Für den Vorrang individueller Freiheit indessen mit Nachdruck Peter Schneider, In dubio pro libertate, in: 100 Jahre deutsches Rechtsleben, Festschrift zum 100jähr. Bestehen des DJT II (1960) 263, insbes. 280: „Eines steht auf alle Fälle fest; das Grundverhältnis zwischen Freiheit und freiheitsbeschränkendem Gesetz ist durch die ‚Praeponderanz‘ der Freiheit gekennzeichnet“; ähnlich Wintrich, Festschrift für Apelt (1958) 6; Gernandt, AG 1954, 155; Födisch, RdA 1955, 91; vgl. auch Biedenkopf 45 f. und 94 Anm. 129.

danke von der Notwendigkeit der sozialen Einordnung jedes Einzelnen bei der Formulierung jeder einzelnen Bestimmung von maßgebendem Einfluß gewesen"[8], und inzwischen ist viel Zeit vergangen. Die staatliche Gemeinschaft, zu deren Gunsten wir Abstriche von dem umfassenden Gebrauch einzelner, dem Wirtschaftsleben angehörender Freiheiten und tätige Teilnahme an den Gemeinschaftsinteressen fordern, sind ja wir selbst, die wir uns als freiheitlich und sozial verstehen, nicht ein tyrannischer Machtapparat in der Hand von Verschwörern und Verbrechern. Es lohnt sich, diesen Staat in dieser seiner Grundstruktur zu erhalten, mag uns auch das Eine oder Andere an ihm nicht behagen. Wenn es in Art. 2 der italienischen Verfassung von 1947 heißt: „Die Republik ... fordert die Erfüllung der unabdingbaren Pflichten politischer, wirtschaftlicher und sozialer Solidarität", so gilt das auch für uns. Eine soziale Gestaltung der Gesellschaft ist ohne Forderungen der Gesellschaft an den Einzelnen nicht möglich[9]. „Die einschlägigen Grundrechte ... sind nicht als Ermächtigungen zur Gleichgültigkeit oder zum Belieben mißzuverstehen", sie enthalten „eine zwar sanktionslose, aber deswegen nicht minder ernst gemeinte Aufforderung zur Formation und Organisation der wesentlichen gesellschaftlichen Kräfte, und zwar nicht nur schlechthin, sondern zu umfassender, aufgebesserter, leistungsfähiger, ihrer öffentlichen Verantwortung bewußter Formation und Organisation"[10]. Die Erkenntnis ist übrigens nicht neu; schon Sinzheimer hat von einer sozialen Pflicht, sich zu koalieren, gesprochen[11]. Gewiß, diese Pflicht zur Solidarität ist in ihrer unmittelbaren Wirkung nur eine moralische; es gibt keinen Zwang zum Beitritt zu einer Organisation, so wie es keine Wahlpflicht gibt, wie auch der Nichtgebrauch des Eigentums keinen Grund darstellt, zu enteignen. Eine freiheitliche Gesellschaft muß in Friedenszeiten ohne solchen Zwang auskommen. Aber für die Auslegung des Rechtes, das das soziale Leben formt, ist es erheblich,

---

[8] Von Mangoldt, AöR 75 (1949) 278.

[9] Fechner, Freiheit und Zwang im sozialen Rechtsstaat (1953).

[10] Krüger, Staatslehre 627; ebenso von Nell-Breuning, Freiheit und Bindung im kollektiven Arbeitsrecht (1957) 28 ff.

[11] JW 1921, 305; ähnlich Loewenheim (o. S. 9 Anm. 3) 112 f. mit zahlreichen Nachweisen in Anm. 86.

daß die *Freiheit der Entfaltung eine Aufgabe, die Freiheit der Enthaltung dagegen ein Zugeständnis* ist. Insbesondere bei der Prüfung der negativen Koalitionsfreiheit wird uns dies den Schlüssel für die Lösung an die Hand geben.

b) Auch die Koalition selbst steht unter der Pflichtbindung. Das erscheint schon darin, daß man den Begriff der Koalition auf Vereinigungen beschränkt, die auf die Dauer angelegt sind, weil nur solche der Aufgabe der Förderung der Arbeits- und Wirtschaftsbedingungen gerecht werden können[12]. Diese Aufgabe ist anfällig gegenüber Untätigkeit und gegenüber fehlsamem Gebrauch. Über die Untätigkeit der Koalition braucht man sich vorerst keine Gedanken zu machen, das ist kein aktuelles Problem. Um so mehr interessiert das Gemeinwohl die Art und Weise, wie die Verbände ihre Freiheit gebrauchen. Es ist ihnen kein Freibrief zu ungebundenem Gebrauch, sondern die Freiheit zu einem der Gemeinschaft verpflichteten, an einer gerechten sozialen Ordnung ausgerichteten und verantwortlichen Gebrauch gegeben, der sich ebenso an den Grundsatz gerechter Verteilung der Güter, die die Wirtschaft herstellt, hält, wie er der Grenzen ihrer Leistungskraft eingedenk bleiben muß[13]. Das ergibt sich aus der genannten öffentlichen Aufgabe, die die Koalitionen mit der Ausübung der Tarifhoheit erfüllen. Wir müssen sie zwar in Freiheit gewähren lassen, und es wird ihnen deshalb auch nicht abverlangt, daß sie primär das Gemeinwohl im Auge haben müßten; es wird ihnen aber doch zur Pflicht gemacht, ihre Sonderinteressen am Gemeinwohl zu messen und notfalls zu berichtigen[14]. Das wird von den maßgeblichen Führern der Verbände auch nicht geleugnet[15].

---

[12] Hueck-Nipperdey II 59; Nikisch II 7; a. A. Dietz, Grundrechte 427; Reuß, AuR 1965, 98.

[13] In diesem Sinn vgl. die Vorsprüche zu dem Tarifvertragsentwurf in der Bauwirtschaft vom 23. 11. 1961 (o. S. 12 Anm. 14), RdA 1962, 17, dazu Leber, RdA 1962, 20, und zur Wiesbadener Empfehlung (u. Anm. 23).

[14] Vgl. Huber II 377: „Je stärker durch die fortschreitende Kollektivierung von Einzelinteressen die Machtstellung der Koalitionen quantitativ ausgedehnt wurde, desto stärker traten sie qualitativ unter eine öffentliche Verantwortung"; Krüger, Staatslehre 400; Scheuner 19; Nikisch II 45 f.; Rüthers, Streik und Verfassung (1960) 41 ff. (53 f.); Galperin AuR 1965, 3. — Es dürfte allerdings wohl zu weit gehen, in Tarifforderungen, die über die gesamtwirtschaftliche Zuwachsrate hinaus-

Das Ergebnis wird nicht davon beeinflußt, wie man die Tarifautonomie erklärt[16]. Folgt man der Delegationstheorie, so ist das Gesagte offensichtlich: Eine Freiheit kann nicht dadurch ihre Bindungen verlieren, daß sie übertragen wird. Aber auch wenn man die Tarifautonomie als eine ursprüngliche, gewissermaßen vorstaatliche Erscheinung betrachtet, hindert dies nicht, sie wie alle anderen vorstaatlichen Freiheiten am Gemeinwohl zu messen.

Ist die Tarifautonomie eine in Freiheit zu bewältigende öffentliche Aufgabe, so folgern wir als Erstes daraus, daß von den Verbänden ein grundsätzliches Bekenntnis zur Verfassung und zum Staat in seiner Grundstruktur — natürlich nicht in all seinen vielfächerigen Einzelheiten —, namentlich ein Bekenntnis zur Unternehmerwirtschaft — auch hier bei aller Freiheit der Meinung in Einzelfragen — zu fordern ist. Das äußert sich schon darin, daß als Koalition nur die Vereinigung anzuerkennen ist, die das Tarif- und Schlichtungsrecht für sich als verbindlich anerkennt[17]. Aus dem Gesagten folgt aber auch weiter: Tarifpartner, die sich in unversöhnlicher Feindschaft gegenüberstehen, können die ihnen zugedachte Aufgabe nicht, oder jedenfalls nicht so gut wie es möglich wäre, erfüllen. Die Verbände „müssen sich mit Vertrauen und ehrlichem Willen zu gleichberechtigter Zusammenarbeit gegenüberstehen"[18]. Das Bild, nach dem sich die soziale Autonomie zu formen hat, ist deshalb *die Sozialpartnerschaft*,

---

gehen, bereits einen solchen Verstoß gegen das Gemeinwohl zu sehen: so indessen Bulla, Festschrift Nipperdey II 79 ff. (100).

Daß es leichter ist, allgemein eine Bindung an das Gemeinwohl zu behaupten als konkret zu sagen, welche Folgerungen sich nun daraus ergeben, wird von Biedenkopf 63 ff. zutreffend herausgearbeitet. Daß es dennoch ohne diese grundsätzliche Festlegung nicht geht, ergibt die Gegenprobe: Kann man die Tarifpartner von der Rücksicht auf das Gemeinwohl entbinden?

[15] Vgl. die bei Bulla, a.a.O. 98, zitierten Aussagen von Rosenberg und Balke; Deist, Gewerkschaft — Wirtschaft — Gesellschaft 257. Daß die Tarifpartner die Interessen der Gesamtheit zu wahren haben, wurde bereits in der Begründung zum Entwurf eines Tarifvertragsgesetzes durch den Gewerkschaftsrat der Vereinigten Zonen 1948 ausgesprochen.

[16] Zur Delegationstheorie vgl. Hueck-Nipperdey II 262; Nikisch II 216; Biedenkopf 31 f.; BAG 15. 1. 1955, BAGE 1, 258 (264). — Zur Ableitung der Tarifmacht aus Art. 9 III s. Galperin, Festschrift Molitor 156 f.; Biedenkopf 103 f.; Weber, Koalitionsfreiheit 24; gegen die Delegationslehre Herschel, Festschrift Bogs 130 f.; Molitor, Arbeitsrechtsblattei, Tarifvertrag I B, Anm. zu Entscheidung 1.

[17] H. M., vgl. Hueck-Nipperdey II 303; Nikisch II 14.

[18] Sitzler, Sozialer Fortschritt 1952, 77.

nicht das Bild der sozialen Gegenspieler[19]. So heißt es in der Enzyklika Mater et Magistra (Nr. 97): [Die Gewerkschaften] „treiben die Arbeiter nicht mehr in den Klassenkampf, sondern leiten sie zu sozialer Partnerschaft an[20].“ Dabei würde es das Bild verfälschen, wollte man immer nur an den Klassenkampf der Gewerkschaften erinnern; der Arbeitgeberverband, der im stillen Kämmerlein Maßnahmen zur Schwächung der Gewerkschaften beschließt, handelt dem hier beschworenen Idealbild der Sozialpartnerschaft nicht minder entgegen, nur daß dies in der Regel unauffällig geschieht und nicht an die Öffentlichkeit dringt. Auch in der deutschen Tarifwirklichkeit hat sich der Gedanke bereits Bahn verschafft. In dem Entwurf eines Tarifvertrages, der den Solidaritätsbeitrag bringen sollte, war vorgesehen, die loyale Zusammenarbeit in allen wirtschaftlichen und sozialen Fragen in feste institutionelle Formen zu gießen[21], ebenso auch in dem dann vorbereiteten und von der großen Tarifkommission der IG Bau angenommenen Entwurf eines Tarifvertrages vom 23. November 1961[22], wo die Bildung eines sozialwirtschaftlichen Bundesausschusses für die Bauwirtschaft als ständige Einrichtung zur Behandlung gemeinsamer Anliegen vorgeschlagen wurde. Dazu ist es leider nicht gekommen, doch wird der Gedanke der Partnerschaft auch in der Präambel der Wiesbadener Empfehlung beschworen[23].

---

[19] Vgl. von Nell-Breuning, Stichwort „Partnerschaft“ in: Handwörterbuch der Sozialwissenschaften Bd. 8 (1964); Galperin, AuR 1965, 8 f.; eindrucksvoll auch Kaiser, Repräsentation 186.

[20] RdA 1961, 433.

[21] Vereinbarung: „1. Die Tarifvertragsparteien verpflichten sich, in wirtschaftlichen und sozialen Fragen zusammenzuarbeiten und gemeinsame baugewerbliche Interessen auch nach außen gemeinsam — oder wenn es zweckmäßiger ist, alleine — zu vertreten.

2. Die Tarifvertragsparteien verpflichten sich, alle auftretenden Meinungsverschiedenheiten nach Möglichkeit friedlich zu erledigen. Während der Laufdauer des Tarifvertrages über eine Vorteilsausgleichskasse besteht ein Schlichtungsabkommen. Dieses Schlichtungsabkommen sieht ein Schiedsgericht vor, dem ein unparteiischer Vorsitzender vorzusitzen hat ...“ (abgedruckt bei Schwaabe, o. S. 11 Anm. 13, S. 61).

[22] RdA 1962, 17, 73; dazu Leber, RdA 1962, 20 ff.; Zentralverband des deutschen Baugewerbes, ebd. 148.

[23] Wortlaut der Präambel: „Arbeitgeberverbänden und Gewerkschaften obliegen — unbeschadet verschiedener Auffassungen und wesentlicher Gegensätzlichkeiten in einzelnen Interessenbereichen — Ordnungsaufgaben von weittragender Bedeutung. Sie sind für die Lösung dieser Aufgaben gemeinsam verantwortlich und gehalten,

Schließlich enthält auch der oben S. 14 genannte Vertrag der Gewerkschaft Textil-Bekleidung mit der Arbeitsgemeinschaft der Miederindustrie eine Klausel, die eine solche vertrauensvolle Zusammenarbeit verfestigen soll. Damit ist der Anfang zur Einrichtung paritätischer Kommissionen gemacht, die, wie das Beispiel des Auslandes zeigt, viel zur Versachlichung der Auseinandersetzung zwischen den Tarifpartnern beitragen können[24].

Wenn die Sozialpartner nun zu loyaler Zusammenarbeit aufgerufen sind, so gehört dazu die *Anerkennung des Partners* als notwendig zur Erfüllung der gemeinsamen Aufgabe. Dem tragen die Gewerkschaften im Wesentlichen Rechnung: Das private Eigentum an den Produktionsmitteln und die Aufgabe des Unternehmers wird von ihnen im Grundsatz, soweit ersichtlich, nicht in Frage gestellt. Leider sieht es auf der Seite der Unternehmer hin und wieder etwas anders aus. An Bekenntnissen zur Notwendigkeit der Gewerkschaften im sozialen und freiheitlichen Rechtsstaat fehlt es freilich auch hier nicht, aber die praktische Politik geht nicht so selten dahin, die Gewerkschaften nach Möglichkeit zu schwächen. Ein wirksames Mittel hierzu ist es nun, die Werbewirkung gewerkschaftlicher Erfolge bei der Arbeitnehmerschaft dadurch zu unterlaufen, daß die erhöhten Leistungen unter-

---

auf dem Boden unserer freiheitlichen Staats- und Gesellschaftsordnung Regelungen gemeinsam zu erarbeiten, welche der Ordnung des Arbeitslebens in den einzelnen Wirtschaftszweigen im Interesse des Ganzen dienen. Die Tarifparteien der Bauwirtschaft sind seit mehr als einem Jahrzehnt bestrebt, die Arbeitsverhältnisse im Baugewerbe mit ihren mannigfachen Besonderheiten zu ordnen und zu diesem Zweck Regelungen zu schaffen, die der Eigenart dieses Gewerbes angepaßt sind. Darüber hinaus haben sie sich im Bewußtsein ihrer Verantwortung bemüht, auch die übrigen Fragen des Arbeitslebens, soweit diese im Rahmen unserer Rechtsordnung in den Bereich der Arbeitnehmer- und Arbeitgeberorganisationen fallen, in sachlicher Weise zu lösen, indem sie unter Wahrung der verschiedenartigen Interessen einen gerechten sozialen Ausgleich suchten. Arbeitgeber-Verbände und Gewerkschaft werden in Fortsetzung dieser Bestrebungen und in gegenseitiger Anerkennung ihrer ordnenden Funktion gemeinsam bemüht sein, auf der Grundlage objektiver Beurteilung der sachlichen Gegebenheiten und wirtschaftlichen Möglichkeiten im Interesse des gemeinsamen Wohles den höchstmöglichen sozialen und wirtschaftlichen Wirkungsgrad der Bauwirtschaft zu erreichen" (AuR 1964, 301 Anm. 2).

[24] Zur Schaffung solcher Gemeinschaftseinrichtungen s. schon Sitzler, Sozialer Fortschritt 1952, 79 f. unter Verweis auf Anregungen von Sinzheimer und Stegerwald.

schiedslos an alle erbracht werden. Nun ist diese Art der Gleichbehandlung ein vielschichtiges Problem, und es können gewichtige sachliche Gründe für sie sprechen (oben S. 8). In den Fällen jedoch, wo die Schwierigkeiten und Mißlichkeiten einer maßvollen unterschiedlichen Behandlung nicht auftreten oder beseitigt werden können und trotzdem der Erfolg der Gewerkschaft durch Einbeziehung der Außenseiter hintertrieben werden soll, bleibt nurmehr die organisationspolitische Taktik, darauf gerichtet, die Gewerkschaft trotz aller ihrer Anstrengungen nicht auf den grünen Zweig kommen zu lassen (und es sind gerade die mitgliedsschwachen Verbände, um die es hier geht).

Die Gewerkschaft Textil — Bekleidung hat mit dem Vorschlag, das unterschiedliche Urlaubsgeld durch eine Kasse oder durch Treuhänder auszahlen zu lassen, sowohl das Argument der unzumutbaren Buchhaltungskosten wie der Mißstimmung im Betrieb ausgeräumt. Im übrigen steht dieses letzte Argument auf schwachen Füßen. Es ist unglaubwürdig, daß der Außenseiter mißgelaunt sein müsse, wenn er von einem zusätzlich erstrittenen Urlaubsgeld weniger als der Organisierte bekommt; man muß ihm dazu nur klarmachen, daß er ja auch keinen Beitrag bezahlt und der Sockelbetrag des neuen Urlaubsgeldes trotzdem auch für ihn mit abfällt. Vielleicht ist der Junggeselle mißgelaunt, weil ihm die Familienzulage vorenthalten wird?

Wenn trotzdem die Arbeitgeberseite diese Differenzierung, die vorzunehmen sie nach § 3 TVG ja berechtigt ist, ablehnt, so setzt sie sich dem bösen Schein aus, daß in Wahrheit das organisationspolitische Motiv dahintersteht. Das ist doppelt bedenklich: Wie kann man dies anders qualifizieren denn als eine Maßnahme, die die Koalition zu behindern sucht, Art. 9 III 2 GG (überhaupt, wenn man auch hier den strengen Maßstab verwendet, den die Gegner von Tarifausschlußklauseln zur Wahrung der negativen Koalitionsfreiheit anlegen)? Zum anderen wäre auch ohne diese Bestimmung aus dem Sozialpartnerverhältnis, das sich ja immer auch zu Tarifvertragsverhältnissen verdichtet hatte, als ein *Gebot von Treu und Glauben* abzuleiten, daß solche Maßnahmen zu unterlassen sind, die nur den Zweck haben, den anderen zu schwächen. Dazu gehört, daß man sich Forderungen (wie hier auf Tarifausschluß) nicht bloß aus dem Grunde verschließt, weil man damit einen organisationspolitischen Vorteil zu gewinnen erhofft, wenn ihre Erfüllung möglich und für die Gegenseite lebenswichtig ist. Mit anderen Worten: Die Verfassung fordert von den Tarifpartnern vertrauensvolle Zusammenarbeit, die verbietet, daß einer auf den Untergang des anderen lauert. Ich möchte deshalb die Voraussage wagen, daß man die Rücksicht auf den Partner, wenn die organisationspolitische Taktik um die Differenzierung einmal ihr Ende gefunden haben wird, sehr bald als *echte Rechtspflicht* anerkennen wird. Schließlich und endlich hieße das nichts anderes, als zahllose Beteuerungen zu einer gewissen Verbindlichkeit erstarken zu lassen[25].

Ähnliches ist unserem Recht auch sonst geläufig: Der Vermieter, der im gleichen Hause an die Konkurrenz vermietet, darf das nicht, begeht eine positive Vertragsverletzung. Wie würde man sein Verhalten nennen, wollte er es unternehmen, die möglichen Kunden seines Mieters mit den Waren zu beschenken, die sie beim Mieter kaufen wollen? Ebenso würde man im Einzelarbeitsverhältnis den Versuch, dem Vertragspartner zu schaden oder ihn in seiner Existenz zu bedrohen, als groben Verstoß gegen die Treupflicht ansehen. Eine aus dem Sozialpartnerverhältnis abgeleitete Rechtspflicht wäre auch im Tarifrecht nicht die erste ungeschriebene Verpflichtung: Auch die Durchführungspflicht, die vor 1918 wegen des Fehlens einer gesetzlichen Regelung eine große Rolle gespielt hatte, wurde nach Erlaß der Tarifvertragsverordnung von 1918 zunächst für entbehrlich erklärt, um im Laufe der Zeit dann doch wieder anerkannt zu werden[26].

Auch Boetticher nennt in seinem bedeutsamen Aufsatz[27] die hier aus dem Tarifpartnerverhältnis abgeleitete Gesinnung „willkommen", hält es aber

---

[25] Bei aller Zurückhaltung, mit der man wegen der unterschiedlichen Verhältnisse gerade amerikanische Zustände zum Vergleich heranziehen sollte, sei doch darauf hingewiesen, daß nach dem Recht der Vereinigten Staaten (Bundesrecht) die einseitige Gewährung von Leistungen an den Arbeitnehmer durch den Arbeitgeber ohne tarifliche Regelung — während der Verhandlungsphase — unzulässig ist, weil man darin eine Gefährdung der Koalition sieht, vgl. Biedenkopf, Unternehmer und Gewerkschaft (o. Anm. 6) 53.

[26] Vgl. dazu Nikisch, Friedenspflicht, Durchführungspflicht und Realisierungspflicht (1932) 59: früher habe man „eine weitergehende Durchführungspflicht der Tarifpartner allgemein geleugnet. Wenn man heute fast ebenso einmütig den Tarifparteien auch in bezug auf die tarifgemäße Erfüllung der einzelnen Arbeitsverträge gewisse Verpflichtungen auferlegt, so hat sich in der Zwischenzeit eben die Auffassung des Tarifrechtsverkehrs über die Pflichten geändert, die der Abschluß einer Arbeitsnormenvereinbarung für die Tarifparteien mit sich bingt"; ebd. 107: „den Maßstab für das Zumutbare liefern ... Treu und Glauben"; Hueck-Nipperdey-Stahlhacke, Bem. 123 ff. zu § 1.

[27] BB 1965, 1081 f.

dennoch für dem Arbeitgeber *unzumutbar*, mit seiner Lohnzahlung die Gewerkschaftszugehörigkeit zu prämiieren und damit den „potentiellen Kampfgegner" zu unterstützen; selbst eine vom Verband (aus taktischen oder anderen Gründen) freiwillig übernommene „Partnerschaftshilfe" verpflichte den Arbeitgeber nicht zur Durchführung. Ich kann dem nicht folgen. Daß die Differenzierung nicht willkürlich und sachfremd ist, ist unten S. 47 ff. darzulegen; sie kann also auch vom Arbeitgeber nicht als solche empfunden werden. So gewichtig Boettichers noch das Bild der sozialen Gegenspieler zum Modell nehmenden Überlegungen verbandspolitisch sind, so sind sie doch nicht geeignet, das Urteil der Rechtswidrigkeit über einen Vorgang zu fällen, der dem Modell des § 3 TVG entspricht. — Die vertrauensvolle Zusammenarbeit, die im Verhältnis zur Gewerkschaft angebahnt wird, ist für das Verhältnis des Arbeitgebers zum Betriebsrat längst gesetzlich verfestigte Wirklichkeit. Auch hier ist es aber so, daß im Rahmen dieser Zusammenarbeit Betriebsrat und Arbeitgeber (wenn auch natürlich nicht stets) gegensätzliche Interessen verfolgen, so daß man nicht minder die Frage stellen kann, ob es dem Arbeitgeber „zumutbar" ist, wenn er das Mitglied des Betriebsrates von der Arbeit freistellt und dafür noch bezahlt. So will es indessen das Gesetz. Nun wird man diesem Vergleich entgegenhalten, daß der Arbeitgeber vom Betriebsrat die Einleitung von Kampfmaßnahmen nicht zu befürchten braucht. Das ist richtig; aber auch ohne Arbeitskampf vermag der Betriebsrat mit dem Gewicht seines Amtes auf die Entschließungen des Arbeitgebers einzuwirken, und umgekehrt ist es erklärtes Ziel der Partnerschaft, auch im überbetrieblichen Bereich Arbeitskämpfe entbehrlich werden zu lassen. — Schließlich Folgendes: Die Bevorzugung des Gewerkschaftsmitgliedes berührt die Gewerkschaft nicht unmittelbar, sondern nur mittelbar durch die Werbewirkung, durch die neue Mitglieder zugeführt werden. Damit wird die Finanzkraft der Gewerkschaften sicherlich gestärkt; ihre Kampfbereitschaft hängt jedoch davon so lange nur sehr bedingt ab, als Streiks von Organisierten und Nichtorganisierten in gleicher Weise getragen und durchgestanden werden. Es ist im Gegenteil anzunehmen, daß jedes Mitglied, das der Gewerkschaft nur aus finanziellen Erwägungen beigetreten ist, sich bei der Urabstimmung über den Streik jedenfalls nicht aus kämpferischem Elan heraus entscheiden wird, und jedes Mitglied mehr bedeutet einen Bezieher von Streikunterstützung mehr. Gewiß sind dies organisationspolitische Überlegungen, die anzustellen allein Sache der Gewerkschaft ist; aber für die Frage der Zumutbarkeit für den Arbeitgeber können sie nicht außer Betracht bleiben.

c) Die Pflicht zu loyaler Rücksicht auf die Bestandsinteressen des Partners ergibt sich aber nicht nur aus dem rechten Verständnis des

Tarifvertragsverhältnisses, sondern nicht minder aus der öffentlichen Aufgabe der Tarifautonomie überhaupt. Diese kann nur wahrgenommen werden, wenn die Tarifpartner *ebenbürtig* sind; *Parität*, gleiche Verhandlungschancen sind das Lebenselement der sozialen Autonomie. „Eine ihrer Voraussetzungen ist, daß die Tarifparteien einander in annähernd paritätischer Verhandlungschance gegenübertreten, weil anderenfalls ein echt ausgehandelter Vertragsschluß zwischen ihnen nicht gesichert wäre und das Diktat des Stärkeren sich in einem freiheitswidrigen Sinne durchsetzen würde[28].“ Wenn auch jeder den Status gleicher Macht aus eigener Kraft erringen und erhalten muß, so kann er doch vom anderen fordern, daß dieser ihn daran nicht hindert. Die Alternative wäre ja nicht, daß der Arbeitgeber wieder zum alleinigen Herrn im Hause würde, wenn die Sozialpartner versagen, insbesondere die Gewerkschaften in Bedeutungslosigkeit versinken, sondern daß der Staat die Regelung der Arbeits- und Wirtschaftsbedingungen erneut an sich zieht. Trotzdem wäre es verkehrt, die Rücksicht auf die Existenz des Partners erst dann als Rechtspflicht anzunehmen, wenn dieser sonst unmittelbar vor dem Bankerott stünde[29], wäre er ja dann schon zu schwach, um seine Ziele noch mit Erfolg durchsetzen zu können.

Ohne Parität wäre auch die Neutralität des Staates ein Unding[30].

d) Ist die soziale Selbstverwaltung, wie wir gesehen haben, nach dem Bild der Sozialpartnerschaft und unter dem Vorbehalt des Gemeinwohls ausgestaltet, so kann der Staat unbesorgt den Tarifpartnern die Darstellung der Interessen der Beteiligten insgesamt übertragen und überlassen. Dieser *Repräsentationsaufgabe* ist nunmehr, soweit sie von den Gewerkschaften zu erfüllen ist, nachzugehen. Das Recht ist hier mit der Verfassungswirklichkeit noch nicht in idealer Übereinstimmung, befinden wir uns doch in einer Zeit des Über-

---

[28] Weber, Koalitionsfreiheit (o. S. 23 Anm. 13) 41 f.; s. auch dens., Göttinger Festschrift für Celle 246; Sitzler, Sozialer Fortschritt 1952, 76; Biedenkopf 148 f.

[29] In dieser Richtung bewegt sich allerdings die Überlegung von Ridder zur Zulässigkeit des Solidaritätsbeitrages (o. S. 11 Anm. 13).

[30] So mit Recht Biedenkopf 148.

ganges. Es ist hier nicht der Ort, ein weiteres Mal auf den sonderbaren Zustand hinzuweisen, daß Träger öffentlicher Aufgaben von solcher Bedeutung wie die Gewerkschaften als nicht rechtsfähige Vereine des Zivilrechts organisiert sind; es ist dies freilich auch nicht mehr als eine juristische Absonderlichkeit, denn die Zwangsläufigkeit des Rechtslebens hat ihnen ein rechtliches Kleid eigens geschneidert (die Anerkennung ihrer aktiven Parteifähigkeit durch den Bundesgerichtshof, oben S. 26 Anm. 4, unten S. 77 Anm. 8, ist hier ein weiterer Schritt) und sich dabei um das BGB mit Recht nicht gekümmert. Es kann nicht ausbleiben, daß die Gewerkschaften von der öffentlichen Aufgabe, die sie erfüllen, ihrerseits einen starken *öffentlichen* (wenn auch wohl nicht im strengen Sinn des Wortes öffentlichrechtlichen) *Einschlag* zurückgewinnen[31]. Auch das Tarifrecht ist aus dem reinen Zivilrecht heraus gewachsen, woraus die Schwierigkeiten der rechtlichen Einordnung zumindest der Tarifnorm erwachsen[32]. Daß die Tätigkeit der Verbände nicht mehr ausschließlich Privatangelegenheit ihrer Mitglieder ist, ergeben die zahlreichen Wirkungen, die die Tarifnormen ebenso wie das Handeln der Tarifpartner auf die Außenseiter hat. „Mit magnetischer Gewalt bestimmt der Tarifvertrag die vielen

---

[31] Vgl. namentlich Müller, DB 1957, 718 ff.; 1958, 712 ff.; 1959, 515 ff.; Arbeitskammer des Saarlandes 1959, 330 ff.; ebd. 1963, 151; Krüger, Staatslehre 386: es sei ein sicherer Beweis für die öffentliche Bedeutung der Koalitionen, daß der Staat sie mit der Tarifautonomie beliehen habe. „Offenbar kann der Staat eine derartige Bewidmung mit einem der wichtigsten staatlichen Rechte, dem Normsetzungsrecht, nur einem Träger zuteil werden lassen, der über Eigenschaften verfügt, die ihn vor den anderen Verbänden im Sinne der Überwindung von Belieben und Eigennutz auszeichnen und daher eine Heraushebung rechtfertigen"; Schnorr, Festschrift Molitor 236; Reuß, DB 1964, 1412; Scheffler, NJW 1965, 849 ff.

Carlo Schmid sagte bei Beratung des Art. 9 im Parlamentarischen Rat: „Es handelt sich bei den Gewerkschaften nicht um Vereine beliebiger Art, . . . sie haben eine Funktion, die sehr weit in das Öffentlich-rechtliche hineingeht. Sie sind unmittelbare Mitträger unseres Gemeinschaftslebens" (Protokolle der 44. Sitzung des Hauptausschusses vom 19. 1. 1949, Verhandlungen des Parlamentarischen Rates S. 571).

[32] Dazu Nikisch II 213 ff. mit Nachweisen. Die Erkenntnis ist schon vor dem ersten Weltkrieg verbreitet gewesen, vgl. Oertmann, Ztschr. f. Sozialwissenschaft 10 (1907) 1 ff.: Der Tarifvertrag sei „mit den Mitteln unseres auf rein individualistischen Gedanken beruhenden Vertragssystems nicht zu erfassen"; Zimmermann, Verhandlungen des 29. DJT (1908) III 197: er sei „eine Angelegenheit öffentlichrechtlicher Äquivalenz".

ungeordneten Arbeitsverhältnisse dazu, sich nach ihm zu richten[33]." Diese Ausstrahlung[34] ist im Laufe der Zeit immer stärker geworden: Sie hat sich niedergeschlagen unmittelbar in *rechtlichen Normen*, mittelbar in *rechtlichen Auswirkungen* und vor allem in der *tatsächlichen Abkehr von dem Bild des § 3 I TVG*. Rechtliche Normen, die die Wirkung auf den Außenseiter unmittelbar herbeiführen, sind etwa: die bekannte Ausdehnung bei betrieblichen und betriebsverfassungsrechtlichen Normen gem. § 3 II TVG, § 5 TVG über die Allgemeinverbindlichkeitserklärung[35], § 9 TVG, der mit Abschluß des Tarifvertrages eine bestehende Tarifordnung mit Wirkung auch für Außenseiter außer Kraft treten läßt; die den Tarifpartnern durch § 7 AZO verliehene Macht, die Arbeitszeit auch für den Außenseiter zu verlängern[36], die Möglichkeit, gemäß § 20 III BVG die Betriebsverfassung abweichend vom gesetzlichen Modell zu regeln, um nur einige Beispiele zu nennen[37]. Hierher zählt auch die Verdrängung der betrieblichen Normsetzung, an der alle Arbeitnehmer mittelbar beteiligt sind, durch die tarifliche, §§ 56, 59 BVG, mit der bekannten, daran anknüpfenden Streitfrage, ob in einer Betriebsvereinbarung mit normativer Wirkung auf den Tarifvertrag Bezug genommen werden darf[38]. Zahlreich sind die mittelbaren rechtlichen Auswirkungen gewerkschaftlichen Handelns auf den Außenseiter: Auch der Nichtorganisierte kann sich einem gewerkschaftlich organisierten Streik anschließen, wodurch sein Handeln das Rechtswidrige der Vertragsverletzung verliert und teilhat an der Rechtfertigung des Gesamtgesche-

---

[33] Auerbach (o. S. 10 Anm. 5) 28.

[34] Dazu s. Herschel, Festschrift Bogs 128 ff.; Bogs, RdA 1956, 4; Galperin, Festschrift Molitor 147 f.; Kaiser, Repräsentation 181 ff.

[35] Namhafte Rechtslehrer nehmen sogar an, die Verbände hätten schon vor der Allgemeinverbindlicherklärung eine potentielle Rechtsetzungsmacht gegenüber den Außenseitern, vgl. Bogs, Festschrift Gierke (1948) 61 ff.; Nipperdey und Heußner in: Staatsbürger und Staatsgewalt I (1963) 23 f.; vgl. auch zum Verhältnis Mehrheit — Minderheit bei der AVE Kaiser, Repräsentation 190.

[36] Dazu Hueck-Nipperdey-Stahlhacke, Bem. 65 zu § 1.

[37] Weitere Beispiele bei Herschel, Festschrift Bogs 135.

[38] Vgl. hierzu Hueck-Nipperdey II 835; Galperin-Siebert, BetrVerfG, Bem. 12 zu § 59; Gumpert, BB 1960, 101; Biedenkopf 280 ff. — Sitzler, Soz. Fortschr. 1952, 76 sagt, das „betriebliche Eigenleben darf die wichtigere überbetriebliche Sozialordnung nicht stören".

hens, das die Gewerkschaften tragen; umgekehrt kann ein Zusammenschluß von Arbeitnehmern, der nicht als Gewerkschaft zu qualifizieren ist, nach der h. M. keinen Streik führen, der ein wilder wäre, obwohl doch die Streikfreiheit an sich auf dem Boden grundrechtlicher Freiheiten steht. Ja, noch mehr: Der arbeitswillige Arbeitnehmer, sei es auch ein Angestellter, der sich dem Arbeitgeber viel näher fühlt als den Streikenden, verliert seinen Lohnanspruch, wenn er wegen des Streiks nicht beschäftigt werden kann[39], kann sogar ausgesperrt werden, und diese Befugnis geht nach der, freilich überaus anfechtbaren Rechtsprechung des Bundesarbeitsgerichts sogar so weit, daß sich nicht einmal mehr der gesetzliche Kündigungsschutz der besonders geschützten Personen, wie der werdenden Mütter, gegenüber dieser umfassenden Wirkung kollektiven Handelns durchsetzen kann, angeblich weil sonst die Kampfparität gefährdet wäre[40]. Noch wichtiger schließlich als alles dies ist die Rechtswirklichkeit, die uns zeigt, daß die Verbände tatsächlich in den Tarifverträgen Recht für alle setzen: Die soziale Wirklichkeit ist nicht nach dem Bild des § 3 TVG geformt, sondern — das ist ja der Kummer der Gewerkschaften — es werden die tariflichen Leistungen grundsätzlich allen gewährt, der Tariflohn ist damit der Maßstab für den Wert der Arbeit schlechthin geworden und war dies wohl auch immer schon (wie gleich nachzuweisen sein wird). Streiks, die ihn verbessern sollen, werden entsprechend auch von allen, Organisierten wie Unorganisierten, geführt. Schließlich können Vereinbarungen, Außenseiter nur zu tariflichen Bedingungen zu beschäftigen, getroffen werden, die zwar nicht normativ wirken, die tatsächliche Übung aber zu einer rechtlichen Bindung im Innenverhältnis verstärken[41]. So sehen wir, daß grundsätz-

---

[39] Müller, Arbeitskammer 1959, 332; Tomandl, AcP 1964, 215 ff. (mit weiteren Hinweisen).

[40] BAG 25. 1. 1963, BAGE 14, 52 = AP Nr. 24 zu Art. 9 GG Arbeitskampf; dagegen Ramm, JZ 1964, 547; Gamillscheg, JZ 1965, 49. Leider hat sich auch der Gesetzgeber diese verfehlte Auffassung mittelbar zu eigen gemacht, indem er bei der Reform des Mutterschutzgesetzes nunmehr in § 200 a RVO zwischen Kündigung und anderer Auflösung des Arbeitsvertages (d. i. Auflösung durch Aussperrung) unterscheidet, ohne in § 9 neben der Kündigung auch die Aussperrung zu erwähnen; vgl. Zmarzlik, Das neue Mutterschutzrecht, BB 1965, 1071 ff. (1075).

[41] Dazu Hueck-Nipperdey II 513.

lich die Arbeitsbedingungen für alle geregelt werden[42], und dies ist im Grunde notwendige Voraussetzung auch dafür, daß die Tarifverträge für die Mitglieder den erstrebten Erfolg haben und sich nicht im Ergebnis gegen sie richten; denn wäre es anders, dann wäre bei schlechter Auftragslage der Arbeitgeber, der die Gewerkschaftsmitglieder zu Tarifbedingungen beschäftigen muß, gegenüber seinem Mitwettbewerber im Nachteil, dem Unorganisierte als billigere Arbeitskräfte zur Verfügung stehen. Die Gewerkschaftsmitglieder wären damit in der Gefahr, von ihren Arbeitsplätzen verdrängt zu werden, die Idee des Tarifvertrages selbst bedroht.

Daß der Tarifvertrag seinem Wesen nach auf Allgemeinverbindlichkeit angelegt ist und dahin strebt[43], und daß er den Ausdruck dessen darstellt, was in den Beziehungen von Arbeitgeber und Arbeitnehmer als billig und gerecht erscheint[44], ist seit den Anfängen bekannt und vielfach erörtert worden. *Für die Zeit vor 1918*, als es an der Grundlage für die Unmittelbarkeit der Tarifnorm fehlte, mußten verschiedene Vermutungen helfen, vor allem, daß im Zweifel anzunehmen sei, der Arbeitsvertrag mit organisierten Arbeitnehmern sei mit den tariflichen Bedingungen abgeschlossen[45], und der organisierte Arbeitgeber sei verpflichtet, auch den Außenseitern die tarif-

---

[42] Bogs, Festschrift Gierke (1950) 60. — Die aus Art. 9 III GG abgeleitete Repräsentation ist freilich auf die Wahrung und Förderung der Arbeits- und Wirtschaftsbedingungen beschränkt, erstreckt sich also nicht etwa auf alle Lebensgebiete. Die Grenze ist wie häufig schwer zu ziehen.

[43] Vgl. Sinzheimer, Arbeitstarifgesetz (1916) 101; ders., Der korporative Arbeitsnormenvertrag II (1908) 22 ff., 297; Rosenthal, Festschrift Laband II (1908) 177; Schall, IherJ 52 (1907) 12, 17; Zimmermann, Rechtsfragen des Arbeitstarifvertrages, Schriften der Ges. für soz. Reform 42/43 (1913), 92 ff. mit vielen ähnlichen auf eine Umfrage ergangenen Äußerungen; ders., Verhandlungen d. 29. dt. Juristentages (1908) III 221 ff.; Sinzheimer, Grundzüge des Arbeitsrechts (1927) 270.

[44] Vgl. die Eingangsformel des Buchdruckertarifs von 1908, zitiert nach den Verhandlungen des 29. DJT (Karlsruhe 1908) V 31: „Der Tarif ist der von Prinzipal und Gehilfen anerkannte Ausdruck dafür, was für die beiderseitigen Beziehungen und Leistungen im Deutschen Reich allgemein als gerecht und billig festzuhalten ist", dazu Schall, Das Privatrecht der Arbeitstarifverträge (1907): „Tendenz zur objektiven Ordnung"; Junck, 29. DJT, a.a.O.: „Schaffung einer lex contractus, die für alle Berufsgenossen gelten soll"; ders., Verhandlungen des Reichstages 1908 Bd. 230, 3377.

[45] Lotmar, Arbeitsvertrag I (1902) 776, 796, 799; Sinzheimer, Arbeitsnormenvertrag II 15, 34; Wölbling, Der Akkordvertrag und der Tarifvertrag (1906) 342; für den Fall, daß der Außenseiter von dem TV wußte: Schall, IherJ 52, 167; Rundstein, Die Tarifverträge und die moderne Rechtswissenschaft (1907) 173.

lichen Arbeitsbedingungen zu gewähren[46]. Verbreitete Tarifverträge wurden als Verkehrssitte betrachtet[47]. In der ausgedehnten *Reformdiskussion* um das zu schaffende Tarifvertragsgesetz spielte der persönliche Geltungsbereich eine wichtige Rolle: Nur wenige Autoren wollten alles beim Alten lassen[48], andere wollten alle oder zumindest die repräsentativen Verträge zu nachgiebigem Recht für den Tarifbereich erheben[49]; überwiegend war man indessen der Meinung, daß die Wirkung des Tarifvertrages zwingend sein müsse und nicht auf den Kreis der unmittelbar Beteiligten beschränkt werden könne. Nach Sinzheimer[50] und Lotmar[51] sollten die Tarifverträge für alle Arbeitnehmer eines organisierten Arbeitgebers gelten, während eine von öffentlichrechtlichen Arbeitskammern auszusprechende Allgemeinverbindlichkeit von Sinzheimer erst als Fernziel betrachtet wurde[52]. Ähnlich schlug Brentano vor, eine korporative Organisation von Arbeitgebern und Arbeitnehmern zu bilden, in deren Rahmen allgemeinverbindliche Tarifverträge geschlossen werden sollten. Die Arbeitnehmer sollten in jedem Jahr Abgeordnete hierzu nach dem Verhältniswahlrecht wählen[53], ein Vorschlag, der indessen auf Ablehnung stieß, weil er das freiheitliche Gewerkschaftswesen untergraben würde[54]. Überwiegend wurde vorgeschlagen, daß Tarifverträge von größerer Bedeutung automatisch oder nach staatlicher Allgemeinverbindlicherklärung für alle Beschäftigten des Tarifgebietes gelten sollten, ohne

---

[46] Lotmar I 795; Potthoff, Probleme des Arbeitsrechts (1912) 142; Sinzheimer, Arbeitsnormenvertrag II 15 und Arbeitstarifvertrag 101; Schall, IherJ 52, 95; Köppe, Der Arbeitstarifvertrag als Gesetzgebungsproblem (1908) 74 f.: Der Tarifgedanke bedeute, daß in den dem TV unterstehenden Betrieben nur zu tarifmäßigen Bedingungen gearbeitet werde.

[47] Sinzheimer, Arbeitsnormenvertrag II 24 ff.

[48] Entwurf Wölbling, abgedruckt bei Sinzheimer, Arbeitstarifgesetz 267 ff.; Enneccerus, Verh. des 29. deutschen Juristentags V 97 f.; in dem Beschluß des 29. DJT, dazu Verh. V 826 ff., 834, wird zu der Frage nicht Stellung genommen, da Gutachter und Berichterstatter sie ausgeklammert hatten.

[49] Köppe, Der Arbeitstarifvertrag 354 ff., 368; Entwürfe Rosenthal und Sulzer-Lotmar, abgedruckt bei Sinzheimer, Arbeitstarifgesetz, 260, 264; Junck, Verh. d. Reichstags 1908 Bd. 230, 3377.

[50] Entwurf eines Arbeitstarifgesetzes § 43, 222, Begründung 101 ff.

[51] DJZ 1908, 907.

[52] Arbeitstarifgesetz 205 ff. Ähnliche Vorstellungen bei Zimmermann, Gutachten für den 29. DJT III 225 f.: Fernziel; zunächst sollten übliche TV durch Ortsstatut für allgemeinverbindlich erklärt werden, a.a.O. 252.

[53] Verh. des Vereins für Socialpolitik 1905, Schriften des Vereins Heft 116 S. 146; Soziale Praxis 28 (1918) 576.

[54] Max Weber, Verh. des Vereins für Socialpolitik 1905, 216; Schall, IherJ 52, 205; Köppe, Arbeitstarifvertrag (1908) 292 f.

deshalb öffentlichrechtliche Arbeitskammern hier einzuschalten[55]. Hervorzuheben ist eine Bemerkung Herkners a.a.O., die Arbeiterorganisationen würden darauf dringen, daß der Arbeitgeber unter allen Umständen tarifliche Bedingungen zu gewähren habe. Indem die Organisation aber Nichtorganisierten so erhebliche Vorteile zuwende — die Unorganisierten „wear the uniform without paying the cloth", wie man in England sage —, leite sie dann freilich auch das Recht ab, diese Leute in ihre Organisation einzuordnen. Ähnlich sagte Schmoller, die Bestrebungen zum ausschließlichen Verbandsverkehr könnten nicht verworfen werden; es liege in der Natur der Gewerkvereine wie der Kartelle, daß sie alle in ihren Bannkreis ziehen wollen, und dabei gehe es nirgends ohne gewisse moralische Zwangsmittel ab[56].

Die nur als vorläufig gedachte *TVVO vom 23. Dezember 1918* bestimmte dann, daß der Reichsarbeitsminister Tarifverträge mit überwiegender Bedeutung für allgemeinverbindlich erklären könne. Materialien hierzu sind nicht veröffentlicht worden. Die Motive wird man indessen in der Erinnerungsschrift des Reichsarbeitsministeriums „Deutsche Sozialpolitik 1918 bis 1928" (1929) 44 ablesen können, wo es heißt, die Allgemeinverbindlicherklärung wolle gleiche Arbeitsbedingungen schaffen, die Schmutzkonkurrenz verhindern und Ruhe und Arbeitsfrieden sichern; sie biete die Möglichkeit zur Schaffung eines allgemeinen Berufsarbeitsrechts durch die organisierten Kräfte des Berufes selbst. Auf sie könnte auch nicht verzichtet werden, da bei dem niedrigen Organisationsgrad der Arbeitnehmerschaft und der Zersplitterung der Gewerkschaften nicht von vornherein jeder Tarifvertrag als überwiegend bedeutend angesehen werden könnte. In diesem Sinne schrieb auch Sinzheimer[57], man könne nicht jedem Vertrag ohne Rücksicht auf die Organisation, die ihn schließe, und ohne Rücksicht auf den Umfang, den er habe, eine solche übergreifende Bedeutung beilegen, ganz abgesehen von den Konflikten, die bei einer Mehrheit von Tarifverträgen verschiedener Organisationen entstehen müssen. 1921 stellte das Reichsarbeitsministerium einen von Sinzheimer ausgearbeiteten *Gesetzesentwurf* zur Diskussion, in dem neben der Möglichkeit der Allgemeinverbindlicherklärung vorgesehen war, daß Tarifverträge, an denen alle Gewerkschaften beteiligt waren,

---

[55] Lotmar in einer frühen Stellungnahme zum Schweizer Recht, ZSR N. F. 21 (1902) 550; Herkner, Die Arbeiterfrage (7. Aufl. 1921) 472 ff.; Potthoff, Probleme des Arbeitsrechts (1912) 142; Rundstein, Die Tarifverträge und die moderne Rechtswissenschaft (1907) 186 ff.; Landsberg, Festschrift Krüger (1911) 194 f.; ein sozialistischer Entwurf Schmidt, abgedruckt bei Sinzheimer, Arbeitstarifgesetz 262; Kulemann, Verh. des 29. DJT V 93.

[56] Die soziale Frage (1918) 477.

[57] Grundzüge des Arbeitsrechts (1927) 271.

in Betrieben organisierter Arbeitgeber für alle gelten sollten[58]. Der Vorschlag wurde indessen überwiegend abgelehnt[59], weil er neben der Möglichkeit der Allgemeinverbindlicherklärung überflüssig sei, die notwendige Beteiligung aller Gewerkschaften zu Schwierigkeiten führen müsse und zudem bei Tarifverträgen ohne überwiegende Bedeutung willkürlich sei. Sitzler, der die Möglichkeit der Allgemeinverbindlicherklärung allein für nicht ausreichend hielt, wollte deshalb den Betriebsräten das Recht geben, die Erstreckung eines Tarifvertrages auf alle Arbeitnehmer des Betriebes zu verlangen[60]. Zu einer Reform ist es indessen, wie bekannt, nicht mehr gekommen.

Es zeigt also auch die Geschichte des Tarifrechtes, daß der Gedanke der Repräsentation, der in der Ausdehnung tariflicher Wirkungen auf die Außenseiter steckt, stets lebendig, wenn auch nie vollkommen verwirklicht war. Auch heute leben wir, wie gesagt, in einem ähnlichen Verhältnis einer fruchtbaren Spannung, das von der Gewerkschaft als allumfassendem Zwangssyndikat ebenso entfernt ist wie von der Vorstellung von der Gewerkschaft als einem sich selbst genügenden Verein. Krüger sagt hierzu mit Recht, daß die Gewerkschaften „im Ergebnis auch den Nichtmitgliedern zu jenem gesellschaftlichen und staatlichen Status verhelfen, den sie ihren Mitgliedern vermitteln, um von materiellen Vorteilen nicht zu reden"; der Anteil der Mitglieder an der Gesamtzahl der Interessenten lasse keinen unbedingten Schluß auf die Einstellung der Interessenten zu ... „Es mag ebenso wohl sein, daß sie dem Verband aus Zufriedenheit wie aus Unzufriedenheit fernbleiben"[61].

In seinem schon genannten Aufsatz geht Boetticher S. 1079 in der Würdigung dieser vielfältigen Ausstrahlungen gewerkschaftlichen Handelns noch einen Schritt weiter und spricht davon, die Tarifpartner, deren Horizont nicht am Kreis der Mitglieder enden solle, seien bei der Regelung der Lohn- und Arbeitsbedingungen auch *für die Außenseiter in Dienst genommen.* Boetticher folgert aus dieser These, daß die Tarifpartner auf die Befugnis, die Allgemeinverbindlicherklärung zu beantragen, vertraglich nicht verzichten könnten, und daraus wiederum, daß eine von ihnen vereinbarte Tarif-

---

[58] Reichsarbeitsblatt 1920/21, 493.

[59] Hueck, JW 1921, 615; Nipperdey, Beiträge zum Tarifrecht (1924) 168.

[60] NZfAR 1925, 192.

[61] Krüger, Staatslehre 398; s. auch schon Sitzler, Soz. Fortschritt 1952, 76.

norm einen Inhalt haben müsse, der für eine Allgemeinverbindlicherklärung tauglich sei (dazu unten S. 50); aus diesem Grunde seien „schon im Rückblick von der Allgemeinverbindlicherklärung her" Bedenken gegen die Differenzierung von Leistungen nach der Gewerkschaftszugehörigkeit zu erheben. Damit begrenzt Boetticher, wenn ich ihn recht verstanden habe, die inhaltliche Gestaltungsfreiheit der Tarifpartner auf solche Regelungen, die auch die Außenseiter zu erfassen geeignet sind, eine Meinung, die den Repräsentationsgedanken in letzter Konsequenz zu Ende denkt, aber natürlich zu der Ansicht, die die Regelungsmacht der Tarifpartner bei den Außenseitern enden läßt (dazu u. S. 87 ff), in einem unüberbrückbaren Gegensatz steht. Ich habe allerdings Bedenken, Boetticher in dieser Ableitungskette zu folgen. Die Pflicht zum Tätigwerden zu Gunsten der Außenseiter kann ohne eine gleichzeitige Pflicht, überhaupt tätig zu werden, kaum angenommen werden; eine solche Pflicht besteht aber nicht, was sich ja auch mittelbar daraus ergibt, daß für den Fall der Untätigkeit oder Unfähigkeit der Koalitionen staatliche Mindestarbeitsbedingungen in Reserve stehen. Aber auch aus § 5 TVG ergeben sich Zweifel: Selbst wenn eine Allgemeinverbindlicherklärung im öffentlichen Interesse gefordert ist, gar ein sozialer Notstand besteht, hängt sie doch vom Antrag wenigstens einer Partei ab. Sind aber die Sozialpartner in so hohem Maße Herr des Verfahrens, daß ohne sie die Allgemeinverbindlicherklärung selbst bei öffentlichem Interesse nicht zustande kommt, so ist es nicht recht plausibel, daß sie in der inhaltlichen Gestaltung des Vertrages aus dem Gedanken der „Indienstnahme für die Allgemeinheit" so starken Einschränkungen unterworfen sein sollen[62]. Und schließlich ist die Argumentation deshalb hinfällig, weil Tarifvereinbarungen mit maßvoller Differenzierung einer Allgemeinverbindlicherklärung sehr wohl zugänglich sind (dazu u. S. 92).

Die Repräsentation ist also vielfache Wirklichkeit, wenn sie auch nicht dem Bild entspricht, das sich § 3 I TVG gemacht hat; die politischen Vorbedingungen sind dabei in der Bundesrepublik so günstig wie in wenigen anderen Ländern, besteht hier doch tatsächlich mit nur wenigen Ausnahmen die Einheit der Gewerkschaftsbewegung (während § 3 TVG offensichtlich noch nach dem Bild des Gewerkschaftspluralismus der Weimarer Zeit geformt wurde).

---

[62] Das von Boetticher Anm. 9 genannte Beispiel von der öffentlichen Funktion der Revisionseinlegung überzeugt deshalb nicht, weil die Parteien trotz des öffentlichen Interesses Herren des Verfahrens bleiben; welcher Revisionsrichter hat nicht schon einmal bedauernd einen Vergleich beurkundet, der ihm die Möglichkeit zur schöpferischen Rechtsfortbildung genommen hat!

Wäre es anders, so wäre es auch nicht zu verstehen und zu rechtfertigen, daß die *Gewerkschaften im Staatsgefüge* die bedeutende Rolle spielen, die sie innehaben und in der sie nicht als Interessenvertreter ihrer Mitglieder, sondern als Sprachrohr der Arbeitnehmerschaft insgesamt auftreten: Von der Mitwirkung bei der Arbeits- und Sozialgerichtsbarkeit über die Selbstverwaltung der Sozialversicherungsträger, über die Besetzung von Aufsichtsrats- und Vorstandsposten in der Wirtschaft, über zahllose Kommissionen, Beiräte usw. reicht ihr Einfluß, mitberatend und mitentscheidend, in alle Bereiche des öffentlichen Lebens (bis zur Prüfungskommission für Schwimmmeister in Bremen)[63].

Eine solche Würde ist nun aber auch mit *Pflichten und Lasten* verbunden: Eine Gewerkschaft, die alle repräsentiert, auch wenn sie nur einen Teil zu aktiven Mitgliedern hat, muß für alle annehmbar sein, und darum ist mit aller Entschiedenheit zu fordern, daß sie über das selbstverständliche Bekenntnis zum freiheitlich-demokratischen Rechtsstaat — auch zur Wahrung seiner inneren und äußeren Sicherheit — hinaus mit der *politischen und konfessionellen Neutralität*[64] wirklich Ernst machen muß. An der politischen Neutralität fehlt es heute noch in hohem Maße, und das ist auch der Grund, weshalb den Gewerkschaften noch von so vielen Seiten das Mißtrauen entgegenschlägt. Wenn, um aus einer Fülle nur ein Beispiel zu nennen, in den „Gewerkschaftlichen Monatsheften“ eine Ausbildungsstätte der Bundeswehr mit dem Vernichtungslager von Auschwitz verglichen wird, so schlägt hier eine politische Einstellung durch, die in ihrer Maßlosigkeit und Ungerechtigkeit diese Neutralität gröblich verletzt. Solche Auswüchse geben allen denen Recht, die bei jeder Art von Anreiz zum Beitritt zur Gewerkschaft eine Verletzung der negativen Koalitionsfreiheit sehen und gerade auch auf deren ideelle Seite hinweisen.

---

[63] Vgl. dazu Drewes, Die Gewerkschaften in der Verwaltungsordnung (1959); Weber, Göttinger Festschrift für Celle (1961) 239 ff.

[64] Es ist bemerkenswert, daß in Frankreich die Dachorganisation der Christlichen Gewerkschaften Confédération Française des Travailleurs Chrétiens 1964 beschlossen hat, sich in Confédération Française Démocratique du Travail umzubenennen, um auch jene Arbeitnehmer aufnehmen zu können, die sich ihren politischen und sozialen, nicht aber konfessionellen Zielen und Programmen verbunden fühlen.

e) Nun stellt sich die Frage, *wie sich die Repräsentation zur Differenzierung und zum Tarifausschluß* verhält. So viel ist sicher, daß Repräsentation und vollständiger Tarifausschluß miteinander unvereinbar sind; eine Gewerkschaft, die die ihr zugedachte öffentliche Aufgabe übernimmt, muß dann auch alle an ihren Erfolgen teilhaben lassen. Es bleibt ihr, den Gedanken des Solidaritätsbeitrages weiter zu verfolgen, für den freilich die gesetzliche Grundlage erst zu schaffen wäre. Eine Gewerkschaft dagegen, die alle Vorteile ihrer Arbeit den Mitgliedern vorbehalten will, kann auch nur für diese sprechen, wobei dies freilich ein Rückzug auf eine Stellung wäre, die dem geschilderten vielfächerigen Aufgabenbereich nicht mehr angemessen ist, weist doch die Konzeption der Tarifautonomie, die auf Ordnung und Befriedung des Arbeitslebens zielt, den Gewerkschaften die Repräsentationsaufgabe zu. Indessen, darum geht es bei dem Anliegen der IG Bau und der Gewerkschaft Textil-Bekleidung nicht. Auch diese Gewerkschaften bejahen nach wie vor ihre Verantwortung für die Gesamtheit der dargestellten Arbeitnehmerschaft, für die sie alle wesentlichen Vertragsbedingungen mit erstreiten. Daß sie einen, im Verhältnis hierzu geringfügigen Vorteil ihren Mitgliedern vorbehalten wissen wollen, macht sie deshalb nicht zu Vertretern der Interessen nur dieser Mitglieder. In den Maßen, in denen die Tarifausschlußklauseln nur zulässig sind (dazu unten S. 60 ff.), berühren sie auch die Repräsentationsaufgabe der Gewerkschaften nicht; wenn sich diese insoweit nach dem Modell des § 3 TVG richten, so ist dies ihr gutes Recht zur wohlverstandenen Wahrung ihrer organisationspolitischen Interessen, und wir verstehen sie wohl auch richtig, daß sie auf diesem Wege die Stärke wieder erreichen wollen, die ihnen dann den Verzicht auf solche Mittel gestatten soll.

In manchen Äußerungen zum Problem von Tarifausschlußklausel und Stellung der Gewerkschaft muß man feststellen, daß den Gewerkschaften in dem Felde zwischen Repräsentation und Tarifausschluß jeweils das andere Verständnis entgegengehalten wird, wenn sie das eine gewählt haben. Die Gewerkschaft, die repräsentieren will und sich hierauf etwa zur Begründung ihres Anspruches auf einen Solidaritätsbeitrag stützt, wird auf ihre beschränkte Legitimation, die Gewerkschaft, die sich auf diese zurückzieht, auf ihren Auftrag zur Gesamtdarstellung verwiesen. Das erinnert an das Märchen vom Hasen und vom Igel: Wann immer die Gewerkschaft angekommen zu sein glaubt, steckt ihr diese Art von Rechtsauslegung den Stachel des „das darfst Du nicht" entgegen. Im Märchen fällt der Hase schließlich tot um; es ist nicht anzunehmen, daß die Gewerkschaften Gleiches tun werden, aber sie werden wahrscheinlich auf die Dauer ihr Vertrauen in die Objektivität solcher Auslegung verlieren. Ebenso wird man Mühe haben, einen jeden von der Gerechtigkeit und Weisheit einer Auffassung zu überzeugen, die der Koalition verbietet, was sie dem Arbeitgeber gestattet: nämlich die Differenzierung gem. § 3 I TVG wahrzunehmen, mag damit auch die gleiche Arbeit ungleich entlohnt und ein Druck zum Beitritt in die Gewerkschaft ausgeübt werden.

2. *Die Freiheitsrechte des Außenseiters und des Arbeitgebers*

Mit der vorangegangenen verfassungsrechtlichen Grundlegung ist der Boden der weiteren Überlegungen abgesteckt. Einige konkrete Schlußfolgerungen konnten wir bereits ziehen. Wir wenden uns jetzt jenen Argumenten zu, die in der Differenzierung nach der Gewerkschaftszugehörigkeit eine Verletzung des Anspruches des Außenseiters auf Gleichbehandlung (a), seiner negativen (b) und positiven (c) Koalitionsfreiheit und in ihrer Verstärkung durch die Tarifausschlußklausel einen Eingriff in die Vertragsfreiheit des Außenseiters (d) und des Arbeitgebers (e) sehen.

a) Der *Anspruch des Außenseiters auf Gleichbehandlung.* Nach einhelliger, wohl von niemand bestrittener Meinung verstößt es nicht gegen den Anspruch des Außenseiters auf Gleichbehandlung, wenn ihm die tariflichen Leistungen vom Arbeitgeber vorenthalten werden. Darauf beruht § 3 I TVG, etwas anderes hieße, allen Tarifnormen die Allgemeinverbindlichkeit auf Arbeitnehmerseite zu verleihen, die das Gesetz den in § 3 II TVG bezeichneten Normen vorbehalten hat[65]. Auch sonst hat der Arbeitgeber im Bereich der Lohnvereinbarung nach h. M. weitgehende Freiheit, kann beliebige Abreden treffen, die nicht nur der besonderen Tüchtigkeit des Arbeitnehmers Rechnung tragen, wogegen natürlich nichts zu sagen ist, sondern auch von Zufälligkeiten abhängen können, etwa wann der Arbeitnehmer

[65] Nachweise aus Schrifttum und Rechtsprechung bei Hueck-Nipperdey-Stahlhacke, Bem. 2 zu § 3.

eingestellt und mit welchen Schwierigkeiten er geworben wurde. Besteht aber der Anspruch auf Gleichbehandlung nicht, so kann er auch nicht dadurch verletzt werden, daß der Arbeitgeber der Gewerkschaft in einer Tarifausschlußklausel die Differenzierung verspricht. Wenn der Arbeitgeber das Recht hat, nach der Verbandszugehörigkeit zu unterscheiden und dies in diesem Fall keine willkürliche Ungleichbehandlung ist, so kann dies nicht plötzlich dadurch rechtswidrig werden, daß der Arbeitgeber oder sein Verband sich hierzu verpflichtet hat. Was man tun darf, darf man auch versprechen. Dasselbe Ding kann nicht einmal erlaubt und das andere Mal verboten, das eine Mal Absage an schematische Gleichmacherei, das andere Mal willkürliche Ungleichbehandlung heißen; die Differenzierung kann nur entweder immer oder nie rechtswidrig sein.

Daß die Nichtgewährung tariflicher Vorteile eine erlaubte Differenzierung ist, ergibt sich im übrigen schon aus dem *Begriff der Gleichbehandlung* selbst. Diese bestimmt sich nicht nach einer mechanistischen Gleichheit, deren Ideal etwa der Satz wäre: „Bezahlt wird nur die wirklich geleistete Arbeit“[66]; im Gegenteil wäre dies eine unmenschliche Betrachtungsweise, die den Arbeiter auf die Stufe der Maschine herabdrückt, deren Leistungsgrad an ihrem Ausstoß gemessen wird. Damit wären wir wieder bei der Vorstellung vom Arbeiter, der die Ware Arbeitskraft verkauft. Sie ist überwunden, der Maßstab der Gleichheit ist ein anderer geworden, das Arbeitsrecht kennt eine Fülle zulässiger Differenzierungen, die sich aus der Menge und Güte der Arbeit nicht erklären lassen. Hierher gehört etwa die Unterscheidung nach dem Familienstand. Der Familienvater leistet keineswegs bessere Arbeit als der Ledige, und doch ist es gerechtfertigt, ihn zu bevorzugen. Die Leistung, die ihn heraushebt, ist sein Beitrag zum allgemeinen Wohl, das durch die Gründung von Familien gefördert wird, mag auch das Recht des Junggesellen, ledig zu bleiben, ebenfalls unter dem Schutz der Verfassung stehen. Wer also in der Differenzierung nach der Organisation einen Verstoß gegen den Gleichbehandlungssatz sieht, muß auch die Sozialzulagen als

---

[66] Vgl. Fechner, RdA 1955, 164.

verfassungswidrig betrachten. Denn der Organisierte trägt durch seinen Beitrag und seine Mitarbeit die Lasten des Verbandes, dessen Tätigkeit in seinen Wirkungen das Arbeitsverhältnis bis in den letzten Winkel hin durchdringt und gestaltet; dies hat eine viel engere und unmittelbarere Beziehung zur Arbeit als etwa sein Personenstand. „Der eine bringt Opfer, der andere nicht[67].“ Von einer Willkürlichkeit dieser Unterscheidung kann keine Rede sein; wäre sie gegeben, wäre auch § 3 I TVG verfassungswidrig. Ebensowenig verletzt sie die Fürsorgepflicht des Arbeitgebers.

Daran ändert nichts, daß die Differenzierung einen *organisationspolitischen Hintergrund* hat; denn auch die Stärkung der Koalition ist ein zulässiges Anliegen[68]. Dies sollte nach all dem, was oben zur öffentlichen Aufgabe der Verbände gesagt wurde, eines weiteren Beweises nicht bedürfen, wird jedoch noch erhärtet, wenn wir uns einer anderen, weit verbreiteten Unterscheidung zuwenden, nämlich nach der Länge der Betriebszugehörigkeit, die nicht nur in Gesetzen bekannt ist (vgl. etwa G. vom 9. Juli 1926 über die Fristen für die Kündigung von Angestellten), sondern auch in den Tarifverträgen der Bauwirtschaft über die Gewerkschaftsrente von 1962/1965 und in den umkämpften Vorschlägen der Gewerkschaft Textil — Bekleidung Hand in Hand mit der Differenzierung nach der Gewerkschaftszugehörigkeit geht. Wer hier die Gleichbehandlung verletzt sieht, dem müßte auch die Bevorzugung der langjährigen Betriebszugehörigkeit zweifelhaft sein; denn keineswegs arbeitet jemand, der längere Jahre im Betrieb ist, um so viel besser als der Neueingetretene (sofern dieser nur seine Anlernzeit hinter sich hat). Dennoch hat noch niemand bezweifelt, daß diese Unterscheidung gültig ist; das Bundesarbeitsministerium hat sie ohne Zögern für allgemeinverbindlich erklärt. Auch die Gewerkschaft bekämpft sie nicht, sondern fördert sie,

---

[67] In diesem Sinne Tophoven, RdA 1953, 248 zur Rechtfertigung der gesetzlichen Regelung. Gleiches muß aber auch für einen vertraglichen Ausschluß gelten.

[68] „Es ist ein berechtigtes Anliegen eines Verbandes zu erreichen, daß seine Bemühungen nicht automatisch und ohne weiteres dem Nichtmitglied zugute kommen“, sagt Gumpert, BB 1960, 103, mit Recht, ohne freilich zu gleichen Ergebnissen zu kommen wie die vorliegende Untersuchung.

obwohl doch erwiesen ist, daß die langjährige Bindung an den Betrieb das Band zur Gewerkschaft lockert, die Gewerkschaft also organisationspolitisch ein Interesse daran haben könnte, daß der Arbeitsplatz möglichst oft gewechselt wird. Vom Standpunkt der Allgemeinheit freilich handelt die Gewerkschaft einsichtig; es ist bekannt, welche hohen Kosten das Wandern von einem Arbeitsplatz zum anderen verursacht, die letztlich durch die Volkswirtschaft insgesamt getragen werden. Wenn nun die Unterscheidung nach der Betriebszugehörigkeit, die dem Unternehmer nützt und Kosten erspart, unbedenklich ist, so kann der Nutzen für die Gewerkschaft bei der Differenzierung nach der Gewerkschaftszugehörigkeit eine andere Behandlung nicht rechtfertigen[69].

Nach ganz h. M. zwingt auch das Bestehen einer Betriebsvertretung den Arbeitgeber nicht zur Gleichbehandlung der Unorganisierten, obwohl § 51 BVG Arbeitgeber und Betriebsrat die unterschiedliche Behandlung wegen der gewerkschaftlichen Betätigung oder Einstellung verbietet. Das ist richtig und beweist einmal mehr den Vorrang tariflicher vor betrieblicher Regelung; deshalb ist es auch nicht plausibel, daß § 51 BVG aus dem Gesichtspunkt der Gleichbehandlung die Beachtung einer Tarifausschlußklausel verbieten sollte, wie es viele behaupten[70].

Auch in diesem Zusammenhang knüpft Boetticher 1080 an die Allgemeinverbindlicherklärung Bedenken gegen eine mit Tarifausschlußklausel bewehrte Differenzierung: Die Allgemeinverbindlicherklärung sei als staatliche Rechtsverordnung zur Gleichbehandlung verpflichtet, während die Bevorzugung der Gewerkschaftsmitglieder als sachfremdes Unterscheidungsmerkmal erscheine; würde eine AVE ausgesprochen, so würde dadurch u. U.

---

[69] Keine Verletzung der Pflicht zur Gleichbehandlung nehmen u. a. an Nolting-Hauff, NZfA 1928, 474; Schnorr, Festschrift Molitor 251; Reuß, AuR 1960, 35; a. A. Boetticher, Waffengleichheit 15; Pitzer, AuR 1964, 302; Schelp, Festschrift Nipperdey II 605 f.; Mayer-Maly, BB 1965, 831 f. (der sogar Differenzierungen nach der Länge der Verbandsmitgliedschaft ohne Tarifausschlußklausel für unzulässig ansieht) (s. auch unten Anm. 70).

[70] So Dietz, Kommentar zum BetrVerfG (3. Aufl. 1960) Bem. 11 c zu § 51; Osthold, Arbeitgeber 1959, 449; Lehna, DB 1959, 917 f.; Haberkorn, Arbeitgeber 1960, 507; wie hier Hessel, DB 1960, 208 f. — Zum gleichen Problem in der Weimarer Zeit s. die Nachweise bei Auerbach (o. Anm. 5) 26.

die Tarifnorm inhaltlich verändert werden müssen, um die Gleichbehandlung herzustellen; dies sei aber der Behörde verwehrt, weshalb ein Antrag auf AVE in solchem Falle scheitern müßte; die Tarifpartner dürften es aber „nach der ihnen übertragenen Funktion“ soweit gar nicht kommen lassen, sondern seien gehalten, ihre Tarifnormen so aufzustellen, daß eine AVE auf Antrag erfolgen könne. — Boetticher ist darin zuzustimmen, daß staatliche Normsetzung dem Gebot der Gleichbehandlung unterliegt. Aber es wurde oben dargetan, daß die uns hier interessierende Differenzierung keine Willkür bedeutet, sondern § 3 I TVG zu Grunde liegt und daß dem Arbeitsrecht auch andere, ähnliche Unterscheidungen geläufig sind. Die Breite der Gestaltungsfreiheit ist hier für den Staat nicht geringer als bei der Gesetzgebung und in all den anderen Fällen, wo sich Unterscheidungen noch im Rahmen des Art. 3 GG bewegen.

Im Schrifttum[71] beruft man sich vielfach auf die beiden *Entscheidungen des Bundesarbeitsgerichts zu den Sozialtarifen des Baugewerbes*[72], um darzutun, daß das höchste deutsche Arbeitsgericht eine unterschiedliche Behandlung der Arbeitnehmer nach der Gewerkschaftszugehörigkeit als unzulässig ansehe. In der ersten Entscheidung wird gesagt, Bedenken über die Zulässigkeit einer Allgemeinverbindlicherklärung deswegen, weil der kraft AVE tarifgebundene Arbeitgeber und Arbeitnehmer keine körperschaftlichen Mitgliedsrechte hätten, könnten dann begründet sein, wenn die Kasse bei ihren Leistungen an die Arbeitnehmer einen Unterschied wegen der Organisation machen würde; das sei aber nicht der Fall. Es bestehe zwar insoweit ein Unterschied, als die Mitglieder der Verbände, wenn auch nur sehr mittelbar, auf die Geschäftsführung der Lohnausgleichskasse einzuwirken vermöchten; dennoch sei die Einräumung solcher Mitwirkungsrechte nicht notwendig, wenn der Grundsatz der gleichmäßigen Behandlung bei Gewährung der Unterstützung und bei der Rückvergütung von Beiträgen gewahrt bleibe[73]. Es ist nicht zu ver-

---

[71] Schelp, Festschrift Nipperdey II 605; Mayer-Maly, BB 1965, 831; Boetticher, BB 1965, 1077 Anm. 2.

[72] BAG 5. 12. 1958, AP Nr. 1 zu § 4 TVG Ausgleichskasse; 3. 2. 1965, AP Nr. 12 zu § 5 TVG.

[73] Die Argumentation des Gerichts ist nicht ganz folgerichtig. Unter 2. heißt es (AP Bl. 1008 R), es seien Bedenken zu überprüfen, die daraus hergeleitet würden, daß „die nur kraft Allgemeinverbindlicherklärung tarifgebundenen Arbeit-

kennen, daß dem Ersten Senat hier in der Tat vorgeschwebt hat, eine solche Differenzierung könne nicht gebilligt werden. Aber diese Bemerkung ist ein *obiter dictum* mit all der Schwäche, die solchen dicta eigen ist; da der zu beurteilende Sachverhalt eine Ungleichbehandlung nicht vorsah, hatte eine Erörterung dieses Punktes nicht stattgefunden. In der Entscheidung vom 3. Februar 1965 nimmt das Gericht das Thema der Gleichbehandlung erneut auf; aber es bringt das Beispiel von der verschieden hohen Belastung der Arbeitgeber je nach der Länge ihrer Verbandszugehörigkeit, und dies zeigt, daß das Gericht hierbei eine ganz andere Lage vor Augen gehabt hat. Auch hier wird wieder die Ungleichbehandlung verneint, die darin liegen könne, daß die Mitglieder der Verbände mittelbar auf die Satzung Einfluß nehmen könnten, den Außenseitern dies aber verwehrt sei. Wollte man aus dieser Bemerkung in den beiden Urteilen Schlüsse ziehen, so nur, daß eine Allgemeinverbindlicherklärung möglicherweise voraussetzen würde, Wege zu finden, um den Außenseitern vergleichbare Einflußnahme auf die Finanzgebarung der Kasse zu verschaffen. Wenn das Gericht im Weiteren allgemein von der Gleichbehandlung bei den Rechten und Pflichten der Arbeitgeber und Arbeitnehmer spricht, so ist auch das ein obiter dictum. Das Bundesarbeitsgericht hat über die uns interessierende Frage noch nicht entschieden[74].

---

nehmer und Arbeitgeber keine Mitgliedschaftsrechte im Sinne körperschaftlicher Rechte nach dem Gründungsvertrag und der in ihm enthaltenen Satzung der Lohnausgleichskasse erwerben". Im folgenden Absatz werden diese Bedenken für erheblich erklärt, wenn „die LAK in ihren Leistungen einen Unterschied zwischen den kraft Mitgliedschaft und den kraft Allgemeinverbindlicherklärung tarifgebundenen Arbeitnehmern machen würde". Hier wird Mitgliedschaft nicht, wie im vorigen Abschnitt, im Sinne der körperschaftlichen Beteiligungsrechte an der Kasse, sondern im Sinn der Zugehörigkeit zur Organisation verstanden. Im nächsten Abschnitt wird dann wieder von der unterschiedlichen Einflußnahme auf die Gestaltung der Geschicke der Kasse gesprochen. Das heißt, daß die uns hier interessierenden Ausführungen über die mögliche Ungleichbehandlung der betroffenen Arbeitnehmer im mittleren Abschnitt in der Luft hängen.

[74] Das Problem der Gleichbehandlung bei der Ausschüttung hat auch schon die Weimarer Zeit bewegt. In RAG, ARS 4, 175 erwägt das Gericht aus Anlaß der Allgemeinverbindlicherklärung des Tarifvertrages über die Zuschußkasse für die deutschen Apothekergehilfen, der Tarifvertrag könne nichtig sein, „wenn feststünde oder mit Grund zu besorgen wäre, daß die mit der Verteilung der Zuschüsse

b) Wenden wir uns nunmehr der *negativen Koalitionsfreiheit des Außenseiters* zu. Daß die Verfassung einen unmittelbaren Zwang zum Beitritt zur Gewerkschaft verbietet, ist unbestreitbar[75]; dagegen teilen sich die Meinungen über den Standort der negativen Koalitionsfreiheit, ein Streit, der für unser Thema erhebliche Bedeutung besitzt.

Eine verbreitete Meinung sieht in der negativen lediglich die selbstverständliche Kehrseite der positiven Koalitionsfreiheit; zu dem Recht, von einer Freiheit Gebrauch zu machen, gehöre auch, von ihr keinen Gebrauch zu machen; die Nichtausübung einer Freiheit sei Gebrauch dieser Freiheit selbst[76]. Damit müßte sie auch Teil haben an der Drittwirkungsklausel des Art. 9 III S. 2 und wäre den Schranken des Art. 2 GG entrückt. — Eine andere Meinung, namentlich von Nipperdey vertreten[77], schützt das Fernbleiberecht des Außenseiters nur in dem Maße, in dem seine allgemeine Handlungsfreiheit, Art. 2 GG, sein Grundrecht auf freie Wahl des Arbeitsplatzes, Art. 12 GG, sowie das von Nipperdey anerkannte Recht am Arbeitsplatz verletzt werden. An dem automatischen Schutz des Art. 9 III S. 2 hat

---

betrauten Personen nach Willkür verfahren, einen Teil der Angestellten bevorzugen, andere zurücksetzen würden". Dafür sei aber kein Anhalt gegeben. Anlaß zu diesen Ausführungen war die Feststellung, daß lt. Satzung der Zuschußkasse ein Rechtsanspruch auf Leistungen nicht gegeben war (was mit der Unsicherheit der finanziellen Lage zu begründen war); das Gericht läßt erkennen, daß es nur krasse Verstöße, solche Ungleichbehandlung, die „unsittlich oder verboten" wäre, im Auge hatte.

[75] Zu weit in der Ablehnung geht Kastner, AuR 1953, 161; zurückhaltend auch Bogs, Arbeitsrecht-Blattei Vereinigungsfreiheit B I 4 und Molitor, AP 1953, 395 f.

[76] Vgl. Oertmann, Deutsches Arbeitsvertragsrecht (1923) 114, 272; Melsbach, Deutsches Arbeitsrecht (1923) 132; weitere Nachweise aus der Weimarer Zeit bei Auerbach — oben Anm. 5 — S. 88 Anm. 73; Huber II 381 ff.; Nikisch II 28 ff.; von Mangoldt — Klein V 11 (jeweils mit weiteren Nachweisen); Dietz, Freiheit und Bindung 18; Boetticher, Waffengleichheit 15; Wittkämper, Grundgesetz und Interessenverbände (1963) 110; Weber (o. S. 23 Anm. 13) 11; Müller, BB 1952, 550; Gernandt, AG 1954, 154 ff., 194; Zöllner, RdA 1962, 458; Pitzer, AuR 1964, 303; wohl auch Gumpert, BB 1960, 102; u. a.

[77] Hueck-Nipperdey II 114 ff. (120 f.); Kaskel-Dersch, Arbeitsrecht (5. Aufl. 1957) 280 f.; Bogs, ArbR-Blattei Vereinigungsfreiheit B I 4; Galperin, Festschrift Bogs 94 ff. und AuR 1965, 6; Heiseke, RdA 1960, 300 f.; Heußner, RdA 1960, 296; Ridder, Gutachten (oben Anm. 13); Biedenkopf, JZ 1961, 352 und Tarifautonomie 93 Anm. 127; Gester, AuR 1963, 109; Lauschke, AuR 1965, 110.

die negative Koalitionsfreiheit nach dieser Ansicht keinen Teil. Deshalb kann man die Frage auch nicht dahingestellt sein lassen[78].

Dazu ist nun Stellung zu nehmen. Aus dem *Wortlaut* von Art. 9 III GG kann man Anhaltspunkte kaum gewinnen, auch wenn es sprachlich-logisch nicht recht einleuchtet, wie es „zur" Förderung der Arbeits- und Wirtschaftsbedingungen dienen soll, einen Verband nicht zu gründen oder ihm nicht beizutreten; auch dürften sich aus dem Wechsel des Wortlautes von „Vereinigungsfreiheit" in der Weimarer Verfassung zu „Recht, Vereinigungen zu bilden" im Grundgesetz weitergehende Schlüsse wohl kaum rechtfertigen lassen.

Die *historischen Vorläufer* der negativen Koalitionsfreiheit in der Weimarer Zeit sind zwar lehrreich, aber letztlich nicht entscheidend. Ursprünglich ging der Kampf um die positive Koalitionsfreiheit, insbesondere die Beseitigung der noch hinderlichen gesetzlichen Bestimmungen der §§ 152 II, 153 GewO; Art. 159 WV war die Vollendung dieser Entwicklung. Erst nunmehr wurde auch der Schutz vor der Koalition zum Problem; ob aber die Weimarer Verfassung auch die Freiheit vor der Vereinigung schützt, war bis zuletzt streitig; Reichsgericht und Reichsarbeitsgericht haben die Frage offen gelassen, dem Druck der Organisationen jedoch aus der allgemeinen bürgerlichen Handlungsfreiheit und aus § 826 BGB her Grenzen gesetzt[79].

---

[78] Widersprüchlich Lehna, DB 1959, 917, der die Frage dahingestellt sein läßt, dann aber doch Art. 9 III S. 2 eingreifen läßt; ähnlich Karakatsanis 65.

[79] In RGZ 104, 330 sagt das Reichsgericht, ein mit erlaubten Mitteln ausgeübter „gewisser Druck" zur möglichst vollständigen Heranziehung aller Personen dürfe ausgeübt werden; die Grenze bildeten die guten Sitten, wobei das Gericht auf seine Rechtsprechung zum Boykott hinweist, der dann sittenwidrig ist, wenn die Existenz vernichtet wird oder der erstrebte Erfolg in keinem Verhältnis zum zugefügten Schaden steht. Das RAG hat in ARS 6, 430 diese Rechtsprechung wörtlich übernommen und um die Bemerkung ergänzt, der Druck auf den Außenseiter dürfe keine „unsoziale Härte und Ungerechtigkeit" zur Folge haben. — Vgl. weiter RGZ 111, 201; RG NZfA 1924, 635; KG, Schlichtungswesen 1925, 132; RAG ARS 9, 55. — Ausdrücklich gegen den Schutz der negativen Koalitionsfreiheit LAG Frankfurt, ARS 4 LAG 122; LAG Berlin, ArbGer. 1931, 403. — Vgl. hierzu Kurlbaum (oben Anm. 3) 81 ff.; Loewenheim (ebd.) 102 ff.; Hueck-Nipperdey II (3.—5. Aufl. 1932) 501 ff. und Nachweise bei Hueck-Nipperdey II (6. Aufl. 1957) 115; Nikisch II 29 f.; Födisch, RdA 1955, 89 in Anm. 3, 4; Heiseke, RdA 1960, 300 Anm. 6; Galperin, Festschrift Bogs 100.

Immerhin würde dem die heutige Ableitung der negativen Freiheit aus Art. 2 GG entsprechen.

Wesentliches zu unserem Problem sagt indessen die *Entstehungsgeschichte des Art. 9 III GG* selbst aus[80].

Hierüber ist Folgendes zu berichten: Schon in dem Vorschlag des Herrenchiemseer Konvents war ein Satz, niemand dürfe gezwungen werden, sich einer Vereinigung anzuschließen, abgelehnt worden; ein Koalitionszwang im üblichen Sinne sollte damit freilich nicht anerkannt werden. Der Grundsatzausschuß des parlamentarischen Rates billigte in der Sitzung vom 5. Oktober 1948 die Drittwirkungsklausel in folgender Fassung: „Abreden und Maßnahmen, durch die dieses Recht eingeschränkt, behindert *oder ein Zwang zum Beitritt ausgeübt* werden soll, sind nichtig." Der allgemeine Redaktionsausschuß schlug in der Sitzung vom 16. November 1948 einen etwas anderen Wortlaut vor. Dagegen richtete sich eine Eingabe des Gewerkschaftsrates der Vereinigten Zonen. Sie lautete:

„In der gleichen Bestimmung ... wird der Versuch gemacht, die sog. negative Koalitionsfreiheit als verfassungsrechtliches Grundrecht festzulegen. Diesem Versuch müssen die Gewerkschaften schärfstens widersprechen. Das Koalitionsrecht hat sich als positive Koalitionsfreiheit entwickelt, ist der Schutz der arbeitenden Menschen, die sich in jahrzehntelangem Kampf das Recht erstritten, Gewerkschaften zu bilden.

Der Schutz der Unorganisierten, wie ihn früher namentlich der § 153 GewO enthielt, war eine gewerkschaftsfeindliche Maßnahme des damaligen Staates. Auch zur Zeit der Weimarer Verfassung stand die durchaus herrschende Meinung auf dem Standpunkt, daß Art. 159 die positive Koalitionsfreiheit verfassungsrechtlich gewährleiste. Das Recht, einer Koalition fernzubleiben, ergibt sich aus der allgemeinen Freiheit, ist aber kein verfassungsmäßiges Grundrecht.

Die jetzige Fassung könnte dazu führen, daß nach den allgemeinen Rechtsgrundsätzen durchaus zulässige Maßnahmen der Gewerkschaften auf umfassende Organisierung der einzelnen Gruppen der Arbeitnehmer rechtlich beanstandet werden könnten.

Selbstverständlich werden sich die Gewerkschaften in ihren Maßnahmen an die allgemeinen Gesetze halten. Ein verfassungsmäßiger Schutz der nega-

---

[80] Vgl. zum Folgenden v. Doemming-Füsslein-Matz, Entstehungsgeschichte der Artikel des Grundgesetzes, in: Jahrbuch des öffentlichen Rechts 1 (1951) 116 ff. und Sitzungsprotokolle des parlamentarischen Rates, Hauptausschuß, S. 210 und 569 ff.

tiven Koalitionsfreiheit würde ihre Entwicklung in bedenklicher Weise stören."

In der Debatte, die sich im Grundsatzausschuß am 24. November 1948 an diese Eingabe anschloß, sprachen sich die Abgeordneten Dr. Heuß (FDP) und Dr. Mangoldt (CDU) gegen die Streichung des Halbsatzes aus, letzterer, um „die Ausübung eines leichten Druckes, daß man einer Gewerkschaft beitritt", nicht zuzulassen. Für die Eingabe verwandte sich der Abgeordnete Schrage (CDU); sonst würde der moralische Druck illusorisch werden, den die Gewerkschaften auf die Schmarotzer ausübten, „die den Beitrag sparen, aber die Erfolge der Gewerkschaften einheimsen wollen". Auch der Vertreter der SPD, Dr. Eberhard, billigte den Antrag der Gewerkschaften. Der Grundsatzausschuß kam zu keiner Entscheidung, sondern legte dem Hauptausschuß für die Drittwirkungsklausel zwei Fassungen vor, eine mit, eine ohne den Halbsatz *„und es darf kein Zwang zum Beitritt ausgeübt werden"*. In der ersten Lesung des Hauptausschusses des Parlamentarischen Rates vom 3. Dezember 1948 wurde die erste Fassung einschließlich des Verbotes des Beitrittszwanges angenommen. Der Diskussion verdanken wir dabei die wichtige Klärung, daß vom Grundsatzausschuß zwar das closed-shop-System und die Verdrängung des nichtorganisierten Arbeitnehmers von seinem Arbeitsplatz durch gewerkschaftlichen Zwang als Beitrittszwang im Sinne der angesprochenen Formulierung angesehen wurden[81], nicht aber die Vereinbarung einer Tarifausschlußklausel. Der Abgeordnete Schönfelder (SPD) bat nämlich die Herren, die in dem Ausschuß waren, mit folgenden Worten um Aufklärung:

„Wenn hier verboten werden soll, zum Beitritt aufzufordern, so denke ich an Tarifverträge, in denen Unternehmer und Arbeiter untereinander vereinbaren: Der Tarifvertrag gilt nur für denjenigen, der der Organisation angehört. Das würde doch auch so ausgelegt werden können, daß diejenigen, die der Vorteile des Tarifvertrages teilhaftig werden wollen, auf diesem Wege zum Beitritt gezwungen sind. Ist das gemeint?"

Darauf antwortete der Abgeordnete Laforet (CSU), der wohl als Sprecher des Grundsatzausschusses auftrat:

[81] In der 2. Lesung des Hauptausschusses wurden indessen selbst diese Fälle vom Abgeordneten Schönfelder als zulässiger Druck angesehen; auch Theodor Heuß weist sie nicht etwa weit von sich, sondern meint dazu, hier könne eine Auslegung „schwierig werden". „Diese Spezialgeschichte können wir aber hier nicht mit in diese Fassung hineinbekommen." Carlo Schmid sagte schließlich: „Ich möchte noch darauf hinweisen, daß bei der 1. Lesung meine Frage, ob etwa die Anwendung des closed-shop-Systems, wie es in Amerika üblich ist, als ‚Zwang zum Beitritt' ausgelegt wird, mit ja beantwortet wurde. All das sind Gründe, die mich bewegen, mich dem Antrag anzuschließen, diese zwei Sätze zu streichen."

„Das wird nie getroffen."

In der 2. Lesung des Hauptausschusses vom 19. Januar 1949 wurde das Problem ein zweites Mal besprochen. Die Fassung lautete inzwischen:

„Ein Zwang zum Beitritt darf nicht ausgeübt werden."

Eberhard beantragte die Streichung:

„Die Gewerkschaften haben auf die Freiwilligkeit der Mitgliedschaft von jeher entscheidendes Gewicht gelegt, und es besteht keinerlei Anlaß zu bezweifeln, daß das weiter so sein wird. Aber wir wissen auf der anderen Seite, daß die Gerichte die Neigung dazu haben, in allem Möglichen schließlich einen Zwang, einen gewissen indirekten Zwang zu sehen. Die Gewerkschaften sehen daher eine große Gefahr darin, wenn ein solcher Satz im Grundgesetz steht.

Man kann sich etwa den Fall vorstellen, daß 99 % der Arbeiter eines Betriebes gewerkschaftlich organisiert sind und daß sie sich weigern, mit einem Streikbrecher an einer bestimmten Arbeitsstelle zusammenzuarbeiten. Es bestünde die Möglichkeit, daß das dann als Verstoß gegen das Verbot des Zwanges in diesem Artikel gewertet würde, was wahrscheinlich niemand, der hier ist, darunter verstanden haben möchte. Weil solche Gefahren bestehen, sind wir dafür, von dem Zwang zum Beitritt hier überhaupt nicht zu reden."

Im gleichen Sinn äußerte Schönfelder, ein gewisser Zwang könne der Ordnung in manchen Wirtschaftsgebieten dienen, Außenseiter hinderten indessen eine wirkliche Ordnung; Carlo Schmid schließlich sagte Folgendes hierzu:

„Ich glaube, niemand denkt daran, einen unmittelbaren Zwang auszuüben. Aber es werden sich Situationen nicht vermeiden lassen, bei denen sich gewisse Individuen werden sagen müssen: ich muß mich hier fügen, ich muß mich hier einordnen und eingliedern, um des Gesamtinteresses willen. Das ist hier gemeint. Die Bestimmung könnte hier ruhig stehenbleiben, wenn man sicher sein könnte, daß sie von den Gerichten immer verständig angewandt wird. Aber es besteht doch die Gefahr, daß dieser Satz da und dort angewandt werden wird, um völlig üblich gewordene durch eine lange Tradition sanktionierte Methoden — sagen wir einmal: der Interessenvertretung im Arbeitskampf — für unzulässigen Zwang zu erklären. Um eine solche Möglichkeit nicht gerade zu erleichtern, wäre auch ich dafür, die Bestimmung zu streichen."

Zur Tarifausschlußklausel sagte Schönfelder in diesem Zusammenhang unwidersprochen:

Man müsse „wissen, wie umfangreich die Tätigkeit der Gewerkschaften in Verbindung mit den einsichtigen Unternehmern gewesen ist, um Ordnung in der Wirtschaft herbeizuführen. Sie haben Abmachungen getroffen und Tarifverträge geschlossen, und beide haben vereinbart, daß Außenseiter, die sich nicht an den Tarifvertrag halten, ausgeschlossen sein sollen. Das ist in Zeiten guter Konjunktur auf Arbeiterseite so gewesen; in Zeiten schlechter Konjunktur ist es umgekehrt gewesen. Eine solche Möglichkeit, Ordnung im Gewerbe zu schaffen, würde nicht gegeben sein, wenn diese Bestimmung hier stehen bliebe".

Für die Beibehaltung des Satzes sprachen sich von Mangoldt und Heuß aus, dennoch wurde er sodann vom Hauptausschuß mit 12:6 Stimmen gestrichen. Das Fazit der Diskussion (wenn auch nicht seiner eigenen Überzeugung) zog von Mangoldt sodann in seinem schriftlichen Bericht zum Entwurf des Grundgesetzes dahingehend, „daß ein gewisser erlaubter Zwang nicht zu entbehren sei"[82].

So weit die Entstehungsgeschichte des Art. 9 III GG. Sie zeigt, daß von den Verfassern des Grundgesetzes ein unmittelbarer Zwang zum Beitritt natürlich nicht gebilligt wurde — weshalb Argumente, die darauf hinweisen, für unser Thema an der Sache vorbeigehen —, daß aber ein mittelbarer Druck in sehr viel stärkerem Maße ins Auge gefaßt worden ist, als wir es heute anzuerkennen geneigt sind; *daß die Tarifausschlußklausel (ohne inhaltliche Begrenzung) unwidersprochen selbst unter der gedachten Geltung des Verbots des Zwanges zum Beitritt für zulässig erachtet worden ist;* daß dies um so mehr gelten muß, wo jener Satz gestrichen wurde. Der parlamentarische Rat hat an die Breite, mit der der Schutz der negativen Koalitionsfreiheit heute in der überwiegenden Meinung gefordert wird, nicht im entferntesten gedacht, weder im Zusammenhang mit Art. 9 III, noch bei den anderen Freiheiten, wie ja auch Gewerkschaften und SPD das Grundgesetz ohne Vorbehalte hierzu gebilligt haben. Die Vorgeschichte verbietet also, die negative als das Spiegelbild der positiven Koalitionsfreiheit anzusehen und für sie den Schutz der Drittwirkungsklausel des Art. 9 III S. 2 in Anspruch zu nehmen. Wenn heute in vielstimmigem Chor gesagt wird, der Außenseiter dürfe eben nicht

---

[82] Ebenso in AöR 75 (1949) 287.

„genieret" werden[83], so ist das genau das, was die Gewerkschaften vorausgesehen und befürchtet hatten und weswegen jener Satz wieder gestrichen wurde.

Immerhin sei darauf hingewiesen, daß, auch wer die negative als Teil der positiven Koalitionsfreiheit ansieht, nicht gezwungen ist, ihr deshalb unbesehen auch die Drittwirkungsklausel zu Gute kommen zu lassen; es besteht immer die Möglichkeit, nach der sozialen Bedeutung der beiden Seiten dieser Freiheit abzustufen[84].

Die Meinung des Verfassungsgesetzgebers, so sehr sie Beachtung verdient, wäre allein noch nicht genügend, denn es wäre denkbar, daß sich heute, 20 Jahre danach, die Überzeugungen gewandelt haben (und im Falle der Organisationsklausel ist dies ja tatsächlich der Fall, s. o. S. 10). Für das Verständnis der negativen Koalitionsfreiheit drängt sich jedoch dasselbe Ergebnis, das aus der Entstehungsgeschichte des Art. 9 III zu gewinnen ist, auch aus Sinn und Zweck der Norm selbst auf. Oben S. 27 ff. wurde bereits ausführlich dargelegt, daß die positive Koalitionsfreiheit nicht nur eine Gewährung, erreicht in Gegenwirkung gegen staatlichen Zwang in der Vergangenheit, sondern darüber hinauswachsend auch eine Verpflichtung bedeutet, weil unsere soziale Ordnung und damit das Wohl und Wehe der Gesamtheit davon abhängt, daß von dieser Freiheit ein verantwortlicher Gebrauch gemacht wird. Daraus ergibt sich m. E. zwingend, daß das bloße Nichtstun nicht als dessen gleichberechtigte Kehrseite anerkannt werden kann. „Einzelgängertum bedeutet keinen verfassungsrechtlich anerkannten Wert[85]." Die negative Koalitionsfreiheit ist eine Freiheit wie jede andere, sie beruht auf Art. 2 mit seinen Schranken, sie ist indessen kein Teil der besonderen Freiheit des Art. 9 III GG.

Immerhin verbleibt dem Nichtorganisierten die Berufung auf die allgemeinen Freiheiten, namentlich auf Art. 2 GG und auf das Recht

---

[83] Vgl. etwa Zeiler, Diss.: Zur Nichtigkeit genüge es, wenn die Tarifausschlußklausel auch nur die Tendenz habe, die Koalitionsfreiheit zu behindern.

[84] Vgl. Bogs, Arbeitsrechts-Blattei B I 4 a; Gernandt, AG 1954, 154; Galperin, Festschrift Bogs 95; Fechner, Gutachten 33.

[85] Galperin, Festschrift Bogs 101.

der freien Wahl des Arbeitsplatzes. Wir müssen uns nunmehr überlegen, ob die Tarifausschlußklausel die freie Entfaltung der Persönlichkeit des Ausgeschlossenen in einer Weise behindert, die nicht durch die Rechte Dritter und die verfassungsmäßige Ordnung (aus der das Betätigungsrecht der Koalition nicht hinwegzudenken ist) gerechtfertigt wird, und ob sie ihm die freie Wahl des Arbeitsplatzes — dazu gehört auch, vom Arbeitsplatz nicht verdrängt zu werden — unmöglich macht. Sein Anspruch auf Achtung seiner Freiheit, nicht in eine ihm nicht genehme Koalition gedrängt zu werden, steht dabei zum Anspruch auf den Arbeitsplatz und zur Freiheit unbeengter Teilhabe an den Früchten seiner Arbeit im Spiegelverhältnis; gibt der Außenseiter dem Druck nach, und tritt er der Koalition bei, so ist der erstere, gibt er nicht nach, und weicht er deshalb in ein anderes Arbeitsverhältnis (gar: in einen anderen Beruf, in eine andere Gemeinde) aus, oder erleidet er erhebliche Einschränkungen, ist der letztere verletzt.

Auch hier wieder ist die Meinung einhellig, daß der Arbeitgeber die negative Koalitionsfreiheit des Außenseiters nicht verletzt, wenn er gem. § 3 I TVG differenziert; dagegen soll es anders sein, wenn er sich durch eine Tarifausschlußklausel zur Differenzierung verpflichtet (oder beim Verbandstarif: zu ihr gehalten ist). Ob die Tarifausschlußklausel die negative Koalitionsfreiheit verletzt, ist umstritten[86]. *Die Diskussion leidet nun daran, daß man nicht nach dem*

[86] Einen Verstoß nehmen an Hueck-Nipperdey, Grundriß (3. Aufl. 1965) 181; Hueck-Nipperdey-Stahlhacke, Bem. 133 zu § 1 TVG; Nikisch II 38; Dietz, Grundrechte 458; Bauernfeind, Die Mitgliedschaft in Koalitionen (1957) 50; Karakatsanis 66; Gernandt, AG 1954, 194; Lehna, DB 1959, 917; Diekhoff, DB 1959, 1141; Osthold, AG 1959, 446; Haberkorn, AG 1960, 507 (Osthold und Haberkorn nehmen darüber hinaus an, der so erzwungene Gewerkschaftsbeitritt sei gem. § 123 BGB anfechtbar); Gumpert, BB 1960, 102; u. a.

Der Verstoß wird verneint von Hueck-Nipperdey II 118 (s. aber nunmehr im Grundriß!); Galperin, Festschrift Bogs 99 f.; Heiseke, RdA 1960, 302 f.; Hessel, DB 1960, 208; Reuss, AuR 1960, 34; Schnorr, Festschrift Molitor 251; Heiseke a.a.O. meint, selbst wenn man in der allgemeinen Tarifausschlußklausel einen Eingriff in die Koalitionsfreiheit sehen müsse, sei er durch das Recht der Koalition auf Bestandsschutz gerechtfertigt.

Die beschränkte Tarifausschlußklausel wird ganz allgemein abgelehnt, s. im Folgenden unter b.

Inhalt der Tarifausschlußklausel und dem Gewicht des Druckes, den sie auszuüben geeignet ist, unterscheidet, sondern eine Einheitsantwort bereithält, die sich offensichtlich nach dem Modell des größtmöglichen Umfanges des Ausschlusses bestimmt. Das ist schwer verständlich[87]. Art. 2 GG schützt die freie Entfaltung des Außenseiters; er muß sich jedoch so einrichten, daß er nicht mit den Rechten Dritter ins Gehege kommt. Zu diesen Dritten gehört auch die Koalition selbst, deren öffentliche Bedeutung dargelegt wurde. Daraus ergibt sich schon, daß der Außenseiter sich nicht als Mimose fühlen kann, die vor jedem Luftzug zu schützen ist, womit er ja auch im Zeitalter des Wettbewerbs einzig dastünde. Vielmehr geht es um das *gegenseitige Verhältnis zweier Freiheiten,* von denen keine absolute Geltung beanspruchen kann. Verboten ist nun den Tarifpartnern, einen wirklichen Zwang, „letztlich unentrinnbare Gewalt" zu üben, dem der Arbeitnehmer sich nicht oder nur unter einschneidenden Opfern entziehen kann[88]. Nur der Staat hat das Recht zu solchem existentiellen Zwang. Ein krasses Beispiel wäre etwa, wenn der Arbeitnehmer durch den Tarifausschluß gezwungen würde, entweder beizutreten oder *Arbeits- und Wohnort zu wechseln;* unzulässig wäre m. E. auch, *Werkswohnungen* für Organisierte vorzubehalten, denn auch hier trifft man den Einzelnen an einem seiner empfindlichsten Nerven[89]. Man wird aber über diese Fälle noch hinausgehen müssen und sagen, daß die Tarifausschlußklausel immer dann einen echten Zwang bedeutet und damit unzulässig ist, wenn ein verständiger Arbeitnehmer, insbesondere im Interesse seiner Familie, auf die Dauer doch nachgeben und lieber beitreten als sich und der Familie die Leistungen, von denen er ausgeschlossen ist, vorenthalten würde[90]. Ich halte es

[87] Vielleicht liegt der Grund darin, daß Tarifausschlußklausel und Organisationsklausel stets in einem Atemzug genannt werden.

[88] S. Krüger, BB 1956, 970; Galperin, Festschrift Bogs 103 f. und AuR 1965, 6; Heußner, RdA 1960, 297. Zutreffend meinen Zinn-Stein, Verfassung des Landes Hessen (1954) I Bem. 5 zu Art. 36, die Tarifausschlußklausel verstoße nur dann gegen das Verbot des Beitrittszwanges, wenn sie „wirtschaftlich einem Beitrittszwang gleichkommt".

[89] Zur Drittwirkung des Art. 13 GG vgl. Gamillscheg (oben S. 18 Anm. 1) 412.

[90] Deshalb erschöpft die Überlegung von Hessel, DB 1960, 208, das Grundgesetz gebe kein Recht auf Arbeitsbedingungen, das Problem nicht.

also für bedenklich, den Außenseiter von *allen* tariflichen Leistungen und hier insbesondere vom *Lohn* etwa in der Weise abzusperren, daß er auf einen Prozentsatz des Tariflohnes verwiesen würde; denn der Tariflohn ist nun einmal Spiegelbild des Wertes der Arbeit, und der Außenseiter, der darunter gehalten wird, wird auf die Dauer diesem Druck doch weichen[91]. Gleiches dürfte für die Vorenthaltung von *Teuerungs- oder Sozialzulagen* zutreffen[92]. Alles das sind Gebiete im Kernbereich tariflicher Betätigung, auf denen sich der Staat eigener Regelung zu Gunsten der Autonomie der Verbände enthält; deshalb fehlt es hier auch an einem festen Mindestschutz nach unten.

Ganz anders ist es dagegen, wenn der durch die Klausel ausgeübte wirtschaftliche Druck ein leiser, milder ist, dem standzuhalten keine allzu große Beschwer verursacht und keinen Opfermut erfordert. Hier kann von einer Beeinträchtigung der freien Entfaltung der Persönlichkeit nicht die Rede sein; denn man muß annehmen, daß geringe materielle Vorteile eine Enthaltung aus Überzeugung nicht wankend machen können; wenn umgekehrt der Außenseiter sich durch die ihm winkende geringe Vergünstigung zum Eintritt bewegen läßt, dann ist damit auch genügend dargetan, daß seine Enthaltung bis dahin nicht auf Umständen beruht hat, die im Interesse der Entfaltung seiner Persönlichkeit zu schützen Aufgabe des Staates gewesen wäre[93]. Diese Erkenntnis wird insbesondere in den Randgebieten tariflicher Betätigung praktisch werden, in denen Gesetze ein unentziehbares Mindestmaß sichern, wie es etwa beim Urlaub der Fall ist.

Blicken wir uns in unserer Zeit um, so sehen wir zudem, daß auf anderen Gebieten ein erheblich rauherer Wind weht. Art. 2 GG schützt nicht minder als die negative Koalitionsfreiheit auch die negative Vereinsfreiheit, doch wird etwa im Kartellrecht ein Druck durch Kartelle so lange hingenommen,

---

[91] Vgl. Heußner, RdA 1960, 297; zum Tariflohn als „übliche Vergütung" im Sinne des § 612 BGB vgl. Rick, AuR 1960, 369 ff.

[92] Vgl. das von Tophoven, RdA 1953, 246 erwähnte Gutachten zur Gleichbehandlung bei Teuerungszulagen, das von „unerträglich gewordener sozialer Notlage" spricht.

[93] Ebenso Fechner, Gutachten 71.

als er nicht unzumutbar erscheint. Mit Recht weist deshalb Biedenkopf[94] darauf hin, daß bei Anwendung des Art. 9 III S. 2 auf die negative Koalitionsfreiheit die doch verfassungsrechtlich besonders geschützte Koalition gegenüber ihren Außenseitern einen sehr viel geringeren Schutz genießen würde als jeder beliebige, keiner öffentlichen Aufgabe verpflichtete Interessenverband[95]. (Vgl. auch die ähnliche Frage unten S. 97.) Und wer möchte übersehen, daß die Allgemeinverbindlicherklärung den Arbeitgeber, der den Tariflohn nicht zu zahlen vermag, an die Grenze des Ruins zu bringen in der Lage ist; trotzdem ist sie möglich und wird wegen ihrer Kartellwirkung begrüßt. „Hier hat sich der Organisationsgedanke schon vollkommen über das Einzelinteresse hinweggesetzt[96]."

Feststehende Richtlinien, wann die Grenze zum wirklichen Beitrittszwang überschritten ist, lassen sich nicht geben, wenn ich auch Nikisch[97] beipflichte, daß „zwischen einer wirkungsvollen Mitgliederwerbung und einem die Freiheit der Entschließung beeinträchtigenden Beitrittszwang ein erheblicher und unschwer festzustellender Unterschied besteht". Umgekehrt ist aber eines sicher: so lange der Vorteil, den der Außenseiter nicht erhält, nicht einmal die Kosten seines Beitrages zur Gewerkschaft erreicht, den er ja spart, dann ist selbst von irgendwelchem Zwang ernsthaft nicht zu reden. Hier ist der Ausschluß nicht mehr als eine rechnerische Verminderung des Nachteiles, den der Organisierte gegenüber dem Außenseiter durch die Belastung mit den Beiträgen erleidet. Die Vorstellung, der Außenseiter werde durch die Vorenthaltung von 60,— DM gezwungen, wider seinen Willen und seine bessere Überzeugung der Gewerkschaft beizutreten und damit eine Zahlungspflicht von 80,— DM zu übernehmen, ist absurd.

Die Kürze, mit der das Arbeitsgericht Düsseldorf diese Behauptung aufgestellt hat, ist denn auch entwaffnend. Es sagt, die negative Koalitionsfreiheit des Außenseiters sei verletzt, „denn dem einzelnen Arbeitnehmer ist es, will er an der Ausschüttung des Mehrbetrages [des Urlaubsgeldes] teilnehmen, unmöglich gemacht, den Entschluß zu fassen, jeder Gewerkschaft fernzubleiben oder bei der Beklagten auszutreten" (unten S. 125). Ja, so fragt

---

[94] JZ 1961, 353.

[95] S. auch die Auseinandersetzung um den Koalitionscharakter der Handwerksinnung, dazu Dietz, Grundrechte 439.

[96] Biensfeldt, NZfA 1923, 543.

[97] Nikisch II 31.

man sich vergeblich, muß er denn an der Ausschüttung teilhaben wollen? Man kann doch die negative Koalitionsfreiheit nicht so verstehen, daß der Außenseiter sowohl das Recht hat, der Organisation fernzubleiben, wie alle Ansprüche, die er hätte, wenn er organisiert wäre[98]! — Auch die Aussicht auf eine Zusatzrente in späteren Jahren ist nicht mehr als ein milder Anreiz, kein Druck oder Zwang zum Beitritt.

In der Diskussion um den Solidaritätsbeitrag hat Gerhard Müller (o. S. 11 Anm. 13) vorgeschlagen, den Außenseiterbeitrag auf die Hälfte des Mitgliedsbeitrages festzusetzen; auch diese sehr zurückhaltende Stellungnahme spiegelt die Erkenntnis wieder, daß die Beitragshöhe eine gewisse Schwelle der Sicherheit bildet. — Es tut sich allerdings folgende praktische Schwierigkeit auf: Die „Beitragshöhe" ist ein unsicherer Bemessungsfaktor, weil sie ebenso unterschiedlich ist wie der Lohn, von dem sie sich ableitet. Die Gewerkschaft müßte also den niedrigsten Beitrag zu Grunde legen, um im Sinne der obigen Ausführungen ganz sicher zu gehen. Doch wäre das wohl übertrieben: Ohne die Möglichkeit zu einer gewissen Verallgemeinerung kann die Tarifautonomie nicht gedeihen, so daß es m. E. in jedem Fall unbedenklich ist, wenn der Durchschnittsbeitrag als Maßstab genommen wird.

Mit dieser Abgrenzung der zulässigen von der unzulässigen Ausschlußklausel wird auch das Bedenken ausgeräumt, daß die negative Koalitionsfreiheit eine starke *ideelle Seite* hat. Mit Recht sagt Biedenkopf, der Zwang, etwa eine konfessionelle Gewerkschaft zu unterstützen, sei mit der Meinungsfreiheit unvereinbar[99]; eine Tarifausschlußklausel, die einen echten Zwang ausübt, wäre also auch aus diesem Grunde verfassungswidrig. Das Problem wird brennend beim Solidaritätsbeitrag; denn wenn eine Gewerkschaft den Anspruch erhebt, alle darzustellen, und dafür einen Beitrag fordert, muß sie auch für alle eine geistige, ideelle Heimat sein können; hierzu wurde oben bereits dargelegt, daß es heute auch nicht mehr so sehr um die konfessionelle als um die politische Neutralität geht. Dagegen ist der Ausschluß von tariflichen Leistungen, die die von uns gezogene Grenze nicht überschreiten, auch unter dem Gesichtspunkt der „ideologischen Zumutbarkeit" in jedem Falle tragbar. Wenn die Überzeugung echt ist, wird der Verzicht nicht schwerfallen[100].

---

[98] So mit Recht Hessel, DB 1960, 208.

[99] JZ 1961, 353.

[100] Zur Vereinbarkeit von Organisationsklauseln mit Art. 118 WV s. Loewenheim (oben Anm. 3) 93 f. mit Nachweisen.

Sieht man unser Problem als Frage der Konkurrenz der negativen Koalitionsfreiheit mit dem Betätigungsrecht der Koalition, dann erscheint auch die ausdrückliche Verbürgung der negativen Koalitionsfreiheit in den *Verfassungen von Bremen und Hessen* in einem anderen Licht. Gem. Art. 142 GG bleiben Grundrechte der Länderverfassungen, die in Übereinstimmung mit den Artikeln 1—18 GG stehen, in Kraft; das heißt, ein in einzelnen Ländern bestehender weitergehender Grundrechtsschutz wird durch das Grundgesetz nicht geschmälert. Soweit aber das weiterbestehende Landesgrundrecht den Bereich eines anderen Bundesgrundrechtes einengen würde, steht es nicht mehr „in Übereinstimmung" mit dem Grundgesetz und muß sich nach Art. 31 GG dem Verständnis des Grundgesetzes anpassen. Das ist hier der Fall, sobald die negative Koalitionsfreiheit zu einer Behinderung des Freiheitsrechtes der Koalition selbst würde[101].

c) Es wird weiter behauptet, die sog. beschränkte Tarifausschlußklausel verstoße gegen die *positive Koalitionsfreiheit,* insoweit sie den Andersorganisierten veranlasse, seiner Gewerkschaft den Rücken zu kehren und der vertragschließenden Gewerkschaft beizutreten, ihn also in der Wahl der Koalition einschränke und zu behindern suche[102]. Sehen wir zu, was es damit auf sich hat.

Das Argument ist für das LAG Düsseldorf entscheidend gewesen; das Gericht stützt sich dabei auf Hueck — Nipperdey, a.a.O., wobei Nipperdey sagt, die beschränkte Tarifausschlußklausel würde „den Arbeitnehmer praktisch hindern, sich einer anderen Koalition anzuschließen", während das LAG sagt, der Andersorganisierte sei „praktisch gezwungen, der beklagten Gewerkschaft beizutreten". Das Wort „praktisch" ist aber verdächtig; es bedeutet, daß der Arbeitnehmer eben nicht wirklich gehindert oder gezwungen wird.

Wird der Andersorganisierte von der tariflichen Leistung ausgeschlossen, so ist die Lage anders als beim Nichtorganisierten. Zum Einen trägt er ja die Last seiner Organisation, so daß sich sein Ausschluß als echter finanzieller Nachteil und nicht als bloße rechnerische Verminderung des Vorteils darstellt, den der Nichtorganisierte dadurch genießt, daß er an den tariflichen Leistungen teilhat und die

---

[101] Zu wenig unterscheidend Heußner, RdA 1960, 295 ff.

[102] Hueck-Nipperdey II 122; Nikisch II 37 f.; Diekhoff, DB 1959, 1141; Lehna, DB 1959, 916; Galperin, Festschrift Bogs 91; Heiseke, RdA 1960, 299; Heußner, RdA 1960, 296. Für die Zulässigkeit Brox-Rüthers, Arbeitskampfrecht (1965) 137 f.

Beiträge spart. Ebenso ist auch die Rechtslage wegen des Eingreifens von Art. 9 III S. 2 verschieden.

Zwei Bemerkungen sind nun als wohl unproblematisch vorauszuschicken: Die erste: Der Arbeitgeber, der von sich aus differenziert, wie § 3 I TVG ihm dies gestattet, ist daran auch dadurch nicht gehindert, daß er vielleicht den Andersorganisierten zum Eintritt in die vertragschließende Gewerkschaft veranlaßt[103]. Die zweite: Dem Verfassungsgesetzgeber lag ein so weitgehender Schutz, eine solche Inhaltserfüllung des Art. 9 III S. 2 fern, verstand er ihn doch vorwiegend als Schutz vor Absprachen und Maßnahmen der Arbeitgeber. Trotzdem ist die Frage schwierig, ob ein maßvoller Ausschluß eine Verletzung des Rechts auf freie Wahl der Koalition darstellt. Sicherlich ist er kein Zwang — man sollte die starken Worte nicht verschleißen; deshalb ist er auch keine „Beschränkung". Aber vielleicht eine „Behinderung"?

Der Schlüssel für die Entscheidung der Frage ist der *Gewerkschaftspluralismus*, der als Ausfluß der Koalitionsfreiheit besteht und sich in § 3 I TVG niedergeschlagen hat. Damit ist aber das Problem aus der Ebene des reinen Schutzes des Koalitionswilligen herausgerückt und zu einer Frage des Zusammenpralles der miteinander im Wettstreit befindlichen Gewerkschaften geworden[104]. Wir müssen nun zwei Lagen unterscheiden. Die eine ist die, daß der Andersorganisierte Mitglied einer starken und mächtigen Gewerkschaft ist, die ihre Angehörigen in ausreichender Weise sichert und am sozialen Fortschritt teilhaben läßt. Hier ist es offensichtlich, daß er eigenständig versorgt

---

[103] Vgl. das Verhalten eines Krankenhauses gegenüber einem im Marburger Bund organisierten Arzt (Ausschluß von der Teuerungszulage) in LAG Hamm 16. 1. 1952, ArbR-Blattei D Gleichbehandlung im Arbeitsverhältnis Entsch. 1: „Es wäre ein Widerspruch in sich", sagt das Gericht, „wenn man aus der Anwendung des TVG auf ein koalitionsfeindliches Verhalten schließen wollte."

[104] Vgl. Müller, Drittwirkung von Grundrechten und Sozialstaatsprinzip, RdA 1964, 121 ff. — Auf ein anderes Beispiel weist Biedenkopf 90 hin: Das Industrieverbandsprinzip dient der Funktionsfähigkeit des Tarifvertrages und damit der Stärke der Koalitionen, kann sich aber hemmend auf die Neugründung von Gewerkschaften auswirken. Dieses „Spannungsverhältnis zwischen Koalition und Individuum und ihrer gleichermaßen geschützten Positionen ... muß hier zu Gunsten der Koalition entschieden werden".

und deshalb auch auf die jeweils der eigenen Gewerkschaft versprochenen Leistungen beschränkt ist, daß nicht die Mitglieder von A die sozialen Spitzen des Tarifvertrages mit B und umgekehrt die Mitglieder von B die sozialen Leistungen aus dem Tarifvertrag mit A beanspruchen können. Das Problem der Abwerbung und der Verlockung zur Abwanderung stellt sich deshalb hier nicht, weil man ganz allgemein von gleichwertiger Interessenwahrung ausgehen muß; deshalb kann auch die vertragliche Festlegung des Ausschlusses der Andersorganisierten insoweit und unabhängig von dem Gewicht der vorenthaltenen Leistung keine Verletzung der freien Wahl der Gewerkschaft bedeuten. Wenn dies aber für das allgemeine Modell gilt, so bleibt es auch richtig, wenn im konkreten Einzelfall einer der beiden Gewerkschaften ein besonderer sozialpolitischer Erfolg gelingt, den sie ihren Mitgliedern vorbehalten will. Ihr dies unmöglich zu machen, wäre ein schwerer Eingriff in ihr Grundrecht auf Existenz und freie Entfaltung. — Der andere Fall ist der, daß die konkurrierende Gewerkschaft schwach und wenig leistungsfähig ist. Dann wird in der Tat der Ausschluß ihrer Mitglieder von den Leistungen des Tarifvertrages auf diese einen starken Sog ausüben. Deshalb gilt hier, daß ein massiver Ausschluß, der die negative Freiheit bedrohen würde, auch die positive Freiheit verletzt. Aber auch hier ist es beim Ausschluß von geringerwertigen Vergünstigungen anders. Denn wenn die Rechtsordnung zwar die kleine und schwache Koalition um der Koalitionsfreiheit willen vor dem unwiderstehlichen Sog schützen mag, so ist es nicht ihre Aufgabe, sie gänzlich jedem Wettbewerb zu entziehen. Würde die Rechtsordnung durch zwangsweise Zuweisung der vorenthaltenen nicht lebenswichtigen Vorteile jedes Gefälle in der Wirksamkeit der Koalitionen verhindern, würde sie also der schwachen Koalition die Bürde des Kampfes ums Dasein auf diese Weise von den Schultern nehmen und ihr Erfolge zuschanzen, die sie nicht aus eigener Kraft erreicht hat, sondern mit der Kraft der Konkurrenz-Gewerkschaft einheimst, dann wäre das wiederum eine schwere Verletzung der Neutralität des Staates im freien Spiel der Kräfte und eine Verletzung des Rechts der anderen Organisation auf Existenz und Tätigkeit, die auf diese Weise zum Vorspann ihrer eigenen Mitbewerberin gemacht wird. Es ist dem Recht verwehrt, über der schwachen Koalition ein Treibhaus zu errichten, das mit den Anstrengungen der erfolgreichen Koalition geheizt wird. Daß dies richtig ist, sieht man, wenn man sich vorstellt, die kleine Koalition würde einen besonderen Vorteil erreichen und ihren Mitgliedern durch Tarifausschlußklausel vorzubehalten suchen: Soll der legitime Werbewert dieses Erfolges durch Ausdehnung auf die Mitglieder der großen Koalition zunichte gemacht werden? „Es ist keine Einschränkung oder Behinderung der Vereinigungsfreiheit, wenn sich eine Gewerkschaft bessere Arbeitsbedingungen für ihre Mitglieder zu sichern versteht als eine andere; die Koalitionsfreiheit kann unmöglich dazu führen, der ungeschickt und erfolglos arbeitenden Vereinigung einen Rechtsanspruch auf die Früchte der Arbeit einzuräumen, welche die gut und erfolgreich geführte Organisation geerntet hat[105]."

Ein ganz anderes Problem ist der *Ausschluß der Arbeitgeber von einem entsprechenden Tarifvertrag* mit der konkurrierenden Gewerkschaft. Abreden, die solche Tarifverträge verhindern wollten, verstoßen gegen Art. 9 III GG und sind nichtig. Sie haben aber mit der Tarifausschlußklausel nichts zu tun[106]. Andererseits berührt oder hindert diese die Leistungen nicht, die in einem solchen Tarifvertrag versprochen werden[107].

Das Urteil des ArbG Düsseldorf zwingt zu einer weiteren Bemerkung. Die Feststellung, wie viele Arbeitnehmer eines bestreikten Betriebes nicht

---

[105] Nolting-Hauff, NZfA 1928, 475. — Zum freien Spiel der Kräfte im Wettbewerb der Gewerkschaften s. neuestens BAG AP Nr. 13 zu § 9 TVG und BVerfG, DB 1966, 229.

[106] Daß § 4 der umkämpften Urlaubsregelung der GTB nicht in diesem Sinne zu verstehen war, wurde durch eine nachträgliche Protokollnotiz vom September 1965 noch einmal klargestellt. Sie lautet: „Die Tarifparteien sind sich darüber einig, daß die Firma ... durch den § 4 der Urlaubsgeldvereinbarung vom ... nicht daran gehindert wird oder daran gehindert werden sollte, gleiche oder ähnliche Vereinbarungen auch mit anderen Gewerkschaften abzuschließen."

[107] Dagegen verdient es zum Schutz der positiven Koalitionsfreiheit ernste Überlegungen, ob man unbesehen an der h. M. festhalten darf, die einen Anspruch der Koalition auf Verhandlung und Tarifabschluß leugnet, vgl. dazu BAG, AP Nr. 5 zu Art. 9 GG und Reichel, AuR 1960, 266. Eine Illustration hierzu gibt LAG Hamm 16. 1. 1952 (oben Anm. 103). Zur Verhandlungspflicht im amerikanischen Recht s. Biedenkopf (oben Anm. 6) 51 ff. — Neuestens s. BAG AP Nr. 13 zu § 9 TVG.

organisiert sind, ist verhältnismäßig leicht zu treffen, auf die genaue Zahl kommt es nicht an, und die ungefähre Zahl ist gerichtsbekannt. Deshalb sind Überlegungen über den Schutz der negativen Koalitionsfreiheit, wie sie hier angestellt worden sind, als abstrakte möglich. Dagegen scheint es mir unzulässig, wenn das Gericht in solchem Falle ebenso allgemein die Verletzung der Rechte Andersorganisierter annimmt, ohne tatsächliche Feststellungen darüber anzustellen, ob in dem bestreikten Betrieb *überhaupt ein einziger Andersorganisierter tätig* ist, der in der Treue zu seiner Organisation durch die Verlockung des sonst vorenthaltenen Vorteils wankend geworden wäre, ob es *am Ort überhaupt solche konkurrierenden Organisationen* gibt. Das kann auf keinen Fall einfach unterstellt werden; ein so schwerer Eingriff wie die Verurteilung zum Schadensersatz kann unmöglich auf die bloße hypothetische Möglichkeit gestützt werden, es könnte ja in Zukunft irgendwann einmal ein Andersorganisierter dem Betriebe beitreten wollen[108]. Es ist vielmehr davon auszugehen, daß bei Gründung einer solchen Konkurrenzgewerkschaft eine *neue Lage entstanden* wäre und die Parteien hierüber nunmehr *neu verhandelt* hätten. Und schließlich ist die Frage aufzuwerfen, ob es nicht *Sache der betroffenen anderen Koalition* sein sollte, einen solchen Verstoß zu rügen. Ihr Interesse kann durchaus dahin gehen, eine gemeinsame Einrichtung wie etwa die Urlaubsgeldkasse erst einmal wirksam werden zu lassen, um dann zu versuchen, für ihre Mitglieder einen Anschlußtarifvertrag zu erreichen.

Trotz allem meine ich, daß die Gewerkschaften gut beraten sind, wenn sie die tariflichen Leistungen allen Organisierten zukommen lassen, wie es die IG Bau — Steine — Erden in dem auf die Wiesbadener Empfehlung hin ergangenen Vertrag getan hat. Gewiß: Die konkurrierenden Gewerkschaften sind häufig feindliche Brüder; aber um der Freiheit willen müssen sich die Koalitionen, so sehr zwischen ihnen das freie Spiel der Kräfte gilt, doch auch dulden und tolerieren. Insbesondere sollte die große und mächtige Koalition der kleinen die Chance lassen, sich zu entwickeln.

Letztlich ist dies wahrscheinlich auch verbandspolitisch nützlich. Die Geschichte zeigt, daß die Verbände in den tarifpolitischen Auseinandersetzun-

---

[108] Vgl. in diesem Zusammenhang die Bemerkung von Nipperdey bei Hueck-Nipperdey II (3.—5. Aufl. 1932) 511: Eine Ausnahme von der Nichtigkeit der beschränkten Organisationsklausel gelte dann, wenn alle in Frage kommenden Koalitionen an dem Tarifvertrag, der die Klausel enthalte, beteiligt seien. In der 6. Aufl. S. 122 f. macht Nipperdey diese Einschränkung nicht mehr, weil er davon ausgeht, daß jede Absperrklausel nunmehr an Art. 12 GG scheitert. Für die Tarifausschlußklausel, die Art. 12 unberührt läßt, ist sie auch heute noch von Interesse.

gen häufiger zusammenstehen, als daß sie sich befehden; damit stärken sie sich gegenseitig, des Einen Kraft ist des Anderen Stütze. So ist etwa die DAG inzwischen den Sozialtarifen des Baugewerbes (für die von ihr organisierten Poliere und Schachtmeister) beigetreten und hat damit so manches Mitglied „eingebracht", das zu organisieren der IG Bau nicht gelungen war. Aber das sind politische Überlegungen, die auf die rechtlichen Erwägungen nur sehr mittelbar zurückstrahlen.

d) Es ist vorgetragen worden, die (allgemeine wie beschränkte) Tarifausschlußklausel sei deshalb verfassungswidrig, weil sie in die *Vertragsfreiheit des Außenseiters* eingreife[109], wie ein Vertrag zu Lasten Dritter wirke[110]. Auch dieser Einwand ist indessen unzutreffend. Die gewöhnliche Tarifausschlußklausel wirkt schuldrechtlich, enthält mithin keine Normen, die sich ja auf Außenseiter auch nicht erstrecken könnten. Ein vom Arbeitgeber in ihrer Durchbrechung geschlossener Vertrag ist bürgerlichrechtlich wirksam. Beschränkt ist also nur die tatsächliche Möglichkeit für den Außenseiter, mit dem Arbeitgeber Abreden über die Gewährung der vorbehaltenen Leistungen zu treffen. Von Behinderungen solcher Natur ist unser Recht indessen voll: Jede vertragliche Abrede über die Einhaltung eines gewissen Lohnabstandes, über die Festlegung von Lohnpyramiden wirkt in gleicher Weise. Wenn die Verbesserung des Lohnes auf der unteren Stufe (Basis) zur Anhebung der ganzen Pyramide führt, wird der Arbeitgeber sich dazu nur schwer entschließen, ist die tatsächliche Aussicht für den Arbeitnehmer, eine solche Verbesserung vertraglich zu erreichen, stark beschränkt. Ebenso hindert jede wirksame Wettbewerbsvereinbarung den konkurrierenden Arbeitgeber daran, den dem Verbot unterliegenden Arbeitnehmer einzustellen. Zulässige Kartellabsprachen und namentlich Preisbindungen bedeuten im Wirtschaftsrecht sehr viel einschneidendere Eingriffe in die tatsächliche Vertragsfreiheit als etwa die Tarifausschlußklausel, die ja zudem nur dann wirksam ist, wenn sie sich maßvoll in Grenzen hält. Letztlich

---

[109] Vgl. Gumpert, BB 1960, 102; Haberkorn, AG 1960, 508; Biedenkopf 96 ff. und unten S. 86. — Ablehnend Reuss, DB 1965, 817; Schnorr, Festschrift Molitor 251. — Zum Meinungsstand in der Weimarer Republik vgl. Loewenheim (oben Anm. 3) 94 ff.

[110] Gernandt, AG 1954, 194.

ist die Ausübung jeden Rechts insoweit für Andere eine Schranke; niemand hat bisher in all dem einen Eingriff in die Vertragsfreiheit gesehen. „Die Vertragsfreiheit gibt keinen Anspruch auf Abschluß eines Vertrages, erst recht nicht ... mit einem bestimmten Inhalt", sagt Dietz[111]; wenn das für Vereinbarungen zwischen Arbeitgebern über die Behandlung der Tariflöhne als Höchstlöhne richtig ist, muß es wohl auch für Tarifvereinbarungen gelten, in denen die Beschränkung des § 3 TVG vertraglich verfestigt wird. Der Einwand übersieht schließlich auch folgende Tatsache: Es ist ja nicht so, daß der Außenseiter mit dem Arbeitgeber um diesen einen Vorteil zäh verhandelt und der Arbeitgeber die Hände ringt, weil er ihn nicht gewähren darf; sondern die Arbeitgeber zahlen unterschiedslos und unaufgefordert aus den Gründen, die bereits dargelegt wurden, und der Arbeitnehmer prüft nur, ob ihn die Arbeitsbedingungen insgesamt locken. Der Einwand mit der Verletzung der Vertragsfreiheit geht auch an der Rechtswirklichkeit vorbei.

e) Gleiches gilt schließlich für die Besorgnis, die Tarifausschlußklausel verletze die *Vertragsfreiheit des Arbeitgebers.* So nimmt Hessel[112] an, das Recht des Arbeitgebers, mit dem Außenseiter die Arbeitsbedingungen frei auszuhandeln, sei nicht beschränkbar, weil Teil seiner *Individualsphäre.* Dagegen ist indessen einzuwenden (und dies ist in anderem Zusammenhang unten S. 79 näher auszubreiten), daß der Begriff der Individualsphäre keine Begründung, sondern das Ergebnis von Überlegungen ist, die sich ihrerseits auf andere Grundlagen stützen müssen: Wenn feststeht, daß der Arbeitgeber in seiner freien Verhandlung mit dem Außenseiter nicht behindert werden darf, dann wissen wir, daß seine Individualsphäre so weit reicht; ob jenes aber der Fall ist, kann nicht mit dieser Sphäre, sondern muß mit anderen Mitteln begründet werden. Hieran fehlt es. Die Durchsetzbarkeit von Tarifausschlußklauseln ist schwach genug, steht es dem Arbeitgeber doch frei, sich ihrer durch den Austritt aus dem Verband ohne Nachwirkung zu entledigen. Mehr anzunehmen würde

---

[111] DB 1965, 595.

[112] DB 1960, 208 (209).

bedeuten, daß er gegen seinen eigenen Verband geschützt werden müßte. Andererseits: Unabdingbare Tarifnormen bedeuten einen Zwang, Arbeitsverträge mit ihnen als Mindestinhalt abzuschließen, und das kann bei einem Verbandstarif für einen Arbeitgeber im Schatten der Konjunktur eine große Bedrängnis bedeuten. Wollte man schon in der Innehaltung einer maßvollen Tarifausschlußklausel eine unzulässige Beeinträchtigung der Vertragsfreiheit sehen, dann wäre für Tarifnormen, die das Unternehmen wirtschaftlich in Gefahr bringen, bald kein Halten mehr.

Auch Boetticher, a.a.O., S. 1081, ist der Ansicht, dem Arbeitgeber stehe insoweit ein *Freiheitsbereich* zu, in den der Verband nicht einbrechen dürfe; nur sieht er den Grund nicht so sehr in dem Ausschluß von fremder Einflußnahme auf die Vertragsgestaltung, also nicht so sehr in der grundsätzlichen Nichteinmischung, als vielmehr in der Unzumutbarkeit, gerade den potentiellen Kampfgegner stärken zu sollen. Dazu aber oben S. 35.

Lehna[113] wandelt das Thema des Eingriffes in die Vertragsfreiheit in der Weise ab, durch die Tarifausschlußklausel könne ein Arbeitgeber, der mit dem Außenseiter die Geltung des jeweiligen Tarifvertrages vereinbart habe, zur *Änderungskündigung* gezwungen werden. Für die Tarifausschlußklausel des Typs, wie sie die Gewerkschaft Textil — Bekleidung vorgelegt hat, ist diese Besorgnis unbegründet. Der neue Tarifvertrag mit der Differenzierung, der an die Stelle des alten tritt, setzt die Gewerkschaftszugehörigkeit als anspruchsbegründendes Merkmal voraus, das der Außenseiter nicht erfüllt (unten S. 88); im übrigen hat dieser Teil am neuen Vertrag einschließlich aller seiner Verbesserungen.

III. Die tarifrechtlichen Grundlagen

Die Untersuchung hat bisher ergeben, daß die Verfassung die Differenzierung und die Tarifausschlußklausel jedenfalls in den Größenordnungen, wie sie von der Gewerkschaft Bau — Steine — Erden erreicht wurden und von der Gewerkschaft Textil — Bekleidung erstreikt werden sollten, nicht hindert. Wir wenden uns nunmehr der Frage zu, ob das Tarifrecht die Möglichkeit ihrer Vereinbarung bereitstellt. Auch das ist bestritten.

[113] DB 1959, 917 ff.

1. Als Erstes ein Blick auf die *tarifrechtliche Wirkungsweise einer Tarifausschlußklausel* gewöhnlicher Prägung. Sie verbietet dem Arbeitgeber, die tarifliche Sonderleistung dem Außenseiter zukommen zu lassen. Diese wiederum betrifft den Inhalt des Arbeitsvertrages (vielleicht auch einmal seine Beendigung), die in der Klausel enthaltene Norm wäre also eine sog. negative Inhaltsnorm, die nur eingreifen kann, wenn Arbeitgeber und Arbeitnehmer tarifgebunden sind. Das kann aber nicht der Fall sein, weil die Klausel ja gerade die Beziehung zum Außenseiter betrifft. Eine normative Verpflichtung, die den Arbeitsvertrag des Außenseiters erfassen und das Versprechen der vorbehaltenen Leistung durch den Arbeitgeber nichtig machen würde, entfällt daher. Die Tarifausschlußklausel wirkt vielmehr nur schuldrechtlich, d. h., sie verpflichtet lediglich den Vertragspartner der Gewerkschaft, ohne objektives Recht zu begründen[1]. Für die Wirksamkeit ist dieser Umstand von erheblicher Bedeutung, denn er schafft einen Unterschied je nach dem, ob es sich um einen Firmen-Tarifvertrag oder einen Verbands-Tarifvertrag handelt. Beim Firmentarifvertrag ersetzt die schuldrechtliche in etwa die normative Verpflichtung des Arbeitgebers; wenn auch nicht ganz, da ein in Verletzung der Tarifausschlußklausel mit dem Außenseiter geschlossener Vertrag unberührt bleibt, während der Verstoß gegen ein normativ wirkendes Verbot Nichtigkeit der entsprechenden Abrede nach sich zieht. Dagegen fehlt es beim Verbandstarif überhaupt an einer Verpflichtung des Arbeitgebers, den Tarifausschluß vorzunehmen; die Durchsetzung der Abmachung erfolgt auf dem mühsamen und weithin wirkungslosen Weg der Einwirkung des Verbandes auf den einzelnen Arbeitgeber in Erfüllung der Durchführungspflicht[1a]. Das ist

---

[1] Vgl. Hueck-Nipperdey- Stahlhacke, Bem. 134 zu § 1. — Fechner, Gutachten 74, ist anderer Ansicht; er stellt die normative Wirkung dadurch her, daß er den tarifgebundenen Arbeitgeber gegenüber dem tarifgebundenen Arbeitnehmer für verpflichtet hält, dem Außenseiter die vorbehaltene Leistung nicht zu erbringen. Das würde aber bedeuten, daß der Organisierte einem Unterlassungsanspruch gegen den Arbeitgeber hätte, was dem Willen der Parteien kaum entspricht. Auch in diesem Falle wäre ein verbotswidrig geschlossener Vertrag wirksam.

[1a] Eine unmittelbare Verpflichtung des Arbeitgebers wäre indessen gegeben, wenn man mit Bettermann, JZ 1951, 325 annimmt, daß der Arbeitgeber dem Verband eine Verpflichtungsermächtigung erteilt hat. Auf Ähnliches läuft auch die Ansicht von Ramm (u. Anm. 5) hinaus.

ganz allgemein, aber auch wegen der nicht gerechtfertigten Unterscheidung zwischen Firmen- und Verbandstarif sehr unbefriedigend. (Dazu sogleich.)

Anders liegt es bei den *Abstandsklauseln* nach Art des umkämpften § 4 (unten Anh. II)[2]. Zunächst ist festzustellen, daß sie strenggenommen keine Tarifausschlußklauseln sind; im Gegenteil liegt es im Interesse des Organisierten, wenn der Arbeitgeber auch dem Außenseiter das der Gewerkschaft vorbehaltene Urlaubsgeld zahlen wollte, da er dadurch einen Anspruch auch auf diese Zahlung erwirbt. So kann man jedoch nicht argumentieren; denn da dies eine Schraube ohne Ende wäre, ist der Arbeitgeber tatsächlich gehindert, den Außenseiter zu bedenken, die Klausel hat damit die gleiche Wirkung wie eine Tarifausschlußklausel. Sie ist sogar noch wirksamer; denn die Abstandsklausel läßt sich ohne Schwierigkeit als normative Bestimmung erklären. Sie gibt dem Mitglied der Gewerkschaft einen Anspruch auf Leistungen nach Maßgabe der Gewährung an die Außenseiter, die dadurch nicht von der Tarifwirkung erfaßt, sondern lediglich zu einer Art Bezugsgröße gemacht werden, nicht anders, als wenn in Verträgen des Handels oder der Banken auf die Beamtenbesoldung Bezug genommen wird. Das bedeutet, daß nicht nur der Tarifpartner aus der Durchführungspflicht, sondern der Arbeitgeber normativ verpflichtet ist, daß also vor allem das einzelne Gewerkschaftsmitglied im Betrieb unmittelbar gegen ihn vorgehen kann. Das ist, da Leistungen an die Außenseiter sich ja nicht verbergen lassen, eine sehr wirksame Durchsetzung der Differenzierung. Freilich wird man den Inhalt der Abstandsklausel aus ihrem Zweck heraus so auslegen müssen, daß nur solche Leistungen an den Nichtorganisierten gemeint sind, die vom Arbeitgeber in kollektiver Form aus den Gründen der angeblichen Gleichbehandlung oder aus organisationspolitischen Motiven erbracht werden. Nicht ist gemeint, daß alle Organisierten

[2] Der Ausdruck „Spannungsklausel" ist sprachlich falsch, geht es doch um die Spanne, nicht um die Spannung (mag uns auch die zu erwartende Entscheidung unserer höchsten Gerichte mit größter Spannung erfüllen). „Abstandsklausel" ist besser, da es um die Wahrung des Abstandes geht. Am besten gibt das Wort „Spannensicherungsklausel" das Gemeinte wieder.

Anspruch auf sämtliche Sonderzuwendungen hätten, die ein Außenseiter irgendwo im Betrieb aus irgendeinem Grund erhält.

Kehren wir noch einmal zur Tarifausschlußklausel des üblichen Stils zurück, die nur das Gebot der Differenzierung enthält. Sie führt uns zu einem der wunden Punkte unseres Tarifrechts, nämlich der Durchsetzung von Pflichten, die der Arbeitgeberverband gegenüber der Gewerkschaft übernommen hat. Es ist hier nicht der Ort für eine Darstellung, welchen steinigen Weg das geltende Tarifrecht hierfür nur bereithält[3]; dabei ist dies zum großen Teil reine Theorie, ist doch der Arbeitgeberverband von seinen mächtigen Mitgliedern allzu abhängig, um auf sie einen wirksamen Druck ausüben zu können, hat doch das Mitglied es in der Hand, seine Pflicht durch Austritt aus dem Verband automatisch zum Erlöschen zu bringen[4]. So müssen wir uns wirklich fragen, ob wir den Auftrag der Verfassung nicht verfehlen, wenn wir weite Bereiche der notwendigen tariflichen Regelungen zu bloßen *Naturalobligationen* herabdrücken, die zwar freiwillig erfüllt, nicht aber erzwungen werden können. Daß dies unabänderlich sein soll, ist nicht einzusehen; es ist vielmehr zu fordern, daß auch das geltende Recht so weiter entwickelt wird, daß es den Auftrag zur sozialen Selbstverwaltung optimal zu erfüllen gestattet.

Es ist allerdings zweifelhaft, ob man alle Unebenheiten, die namentlich die Verbandstheorie mit sich bringt, auf dem von Thilo Ramm vorgeschlagenen Weg einer Rückführung der Tarifwirkung in das Gebiet vertraglicher Wirkung erreichen kann[5]; wohl aber muß man Mittel finden, die es gestatten,

---

[3] Vgl. dazu die Lehrbücher und Kommentare; zur Durchsetzung einer Tarifausschlußklausel Hessel, DB 1960, 210. — Daß die schwierige Durchsetzbarkeit der aus Verbandstarifen entspringenden Einwirkungspflichten eine der größten Schwächen des Tarifrechts ist, ist seit langem anerkannt, vgl. Hueck, Das Recht des Tarifvertrages (1920) 153; Nipperdey, Beiträge zum Tarifrecht (1924) 148 f.; Sinzheimer, JW 1924, 1008; Lautner, Probleme der Tarifrechtsreform (1929) 66; Kahn-Freund, Umfang der normativen Wirkung des Tarifvertrags und Wiedereinstellungsklausel (1928) 105 ff.

[4] Ein eindrucksvolles Beispiel hierfür bietet die Stellungnahme des Zentralverbandes des deutschen Baugewerbes zum Urlaubsgeld für Organisierte, RdA 1962, 148 f.

[5] Ramm, Die Parteien des Tarifvertrages (1961), insbesondere 84 ff. Ramm er-

solche Tarifpflichten des Arbeitgebers zu echten Rechtspflichten gegenüber der Gewerkschaft zu erheben, für die es an einer Anspruchsgrundlage beim einzelnen Arbeitnehmer selbst fehlt. Dazu gehören negative Inhaltsnormen, wie sie die Tarifausschlußklausel darstellt, aber auch etwa Abschlußnormen, deren Behandlung wie die Inhaltsnormen durch das Gesetz in vielen Fällen verfehlt ist. Hierzu nur ein Beispiel: Wenn die Tarifpartner vereinbaren, Arbeitnehmer gewisser Kategorien an gewissen Arbeitsplätzen nicht oder nur in bestimmter begrenzter Zahl einzustellen, so ist es sinnlos und entspricht nicht dem wahren Willen der Parteien, daß dieses Verbot nur gegenüber Organisierten durchgreifen soll, deren Rechtsstellung dadurch gegenüber den Außenseitern nur verschlechtert wird[6]. Ebenso grenzt es an eine Verletzung der Streikfreiheit, wenn dem Außenseiter zwar die Teilnahme an einem rechtmäßigen Streik eröffnet wird, er auch ausgesperrt werden darf, er aber aus einer Wiedereinstellungsklausel nach Ende des Arbeitskampfes keinen Anspruch gewinnt (ganz abgesehen davon, daß dies der Rechtswirklichkeit nicht entspricht).

Dies alles kann hier nicht vertieft werden, es ist jedoch die *Forderung einer Weiterbildung des Tarifrechtes* anzumelden. Sie sieht nichts Umstürzendes vor. Der Vorrang von Art. 9 III GG vor dem Tarif-

---

gänzt seine These um die von ihm angenommene Prozeßstandschaft der Gewerkschaften (ähnlich schon Sinzheimer, Arbeitstarifgesetz 94 ff.). Er sieht ihren Hauptvorteil darin, daß der einzelne Arbeitnehmer nicht mehr selbst prozessieren müsse, sich also nicht das Mißfallen des Arbeitgebers zuziehe, dieser andererseits auch nicht nach Ende des Arbeitsverhältnisses mit großen Nachforderungen zu rechnen brauche. Die Mißstimmung des Arbeitgebers wird aber kaum dadurch gemindert, daß an Stelle des Arbeitnehmers die Gewerkschaft klagt, die dadurch im Gegenteil zu einem allgegenwärtigen Kontrollorgan würde. Das Bedürfnis ist auch nicht so sehr dort gegeben, wo der Arbeitnehmer, auf die Tarifnorm gestützt, selbst klagen könnte, als dort, wo es an seiner Klagebefugnis fehlt. — Die Erfüllung tariflicher Verpflichtungen durch Strafdrohung nach dem Vorbild der §§ 78, 79 BVG zu erzwingen, erscheint nicht erstrebenswert. Immerhin hat Sinzheimer etwas Ähnliches im Auge gehabt, vgl. § 17 des Entwurfes eines Tarifvertragsgesetzes, RABl. 1920/21 A. T. 491: „Tarifangehörige, die wissentlich gegen Vorschriften der Tarifsatzung verstoßen, die nicht den Inhalt von Arbeitsverträgen bestimmen, können auf Antrag einer Vertragspartei, des Inhabers oder der Betriebsvertretung des durch den Verstoß betroffenen Betriebes vom Tarifgericht mit einer Buße belegt werden. Die Buße beträgt im Höchstmaße für Arbeitgeber 5000,— M, für Arbeitnehmer 500,— M. Sie fällt an die Gemeinde, in deren Bereich der Verstoß geschehen ist. Die Gemeinde hat den Betrag für Zwecke der Arbeiterwohlfahrt zu verwenden. — Die Buße kann so lange wiederholt werden, bis der tarifwidrige Zustand beseitigt ist . . ."

[6] Vgl. das Beispiel bei Gumpert, BB 1955, 765; zur Wirkungsweise von Abschlußverboten Kunze, BB 1953, 58.

vertragsgesetz bedarf keiner Erläuterung[7]; dieses Gesetz kann nicht in Anspruch nehmen, als einziges arbeitsrechtliches Gesetz von der Weiterentwicklung des Rechts ausgenommen zu bleiben, wenn auch natürlich nicht übersehen werden darf, daß hier jede Rechtsfortbildung wegen des politischen Charakters des Gegenstandes nur sehr vorsichtig in Angriff genommen werden kann. Trotzdem ist sie möglich[8].

2. Wir brauchen freilich die Forderung einer Weiterbildung des Tarifrechts nicht zu erheben, um die Differenzierung nach der Gewerkschaftszugehörigkeit auch tariflich zu rechtfertigen. Sie bleibt innerhalb des vom geltenden Recht gespannten Rahmens und verletzt nicht die *Grenzen, die der Tarifmacht gezogen sind.* Das Bestehen solcher Grenzen wird vielfach behauptet: Aus der geschichtlichen Entwicklung, vom Gegenstand der tariflichen Regelung, vom Kreis der von ihr betroffenen Personen, von den Mitteln der Gestaltung und vom praktischen Erfolg her. Alle diese Aussagen sind jedoch an Art. 9 III GG zu messen, der den Tarifpartnern die Wahrung und Förderung der Arbeits- und Wirtschaftsbedingungen ohne Einschränkung zuweist[9]. Sie finden ihr Spiegelbild in den Grenzen der Streikfreiheit[10]. Dem wollen wir uns nunmehr zuwenden.

---

[7] So sagt Dietz, Grundrechte 433 Anm. 65 in anderem Zusammenhang: „Ein einfaches Bundesgesetz kann nicht eine Bestimmung des Grundgesetzes — hier den Begriff der Koalition — authentisch interpretieren".

[8] Vgl. etwa die Entscheidung des Bundesgerichtshofes vom 6. 10. 1964, o. S. 26 Anm. 4, wo mit der Anerkennung der aktiven Parteifähigkeit der Gewerkschaft das Recht sogar auf dem der Fortbildung ganz besonders schwer zugänglichen Gebiet des Verfahrensrechts im Sinne des Auftrages der Verfassung weitergebildet worden ist.

[9] Ebenso Galperin, Festschrift Molitor 155 ff.; Biedenkopf 104. Ganz in diesem Sinne sagt auch das BAG 20. 12. 1957, AP Nr. 1 zu § 399 BGB: „Durch Tarifvertrag ... können nur solche Modalitäten des Lohnanspruches geregelt werden, die ihre Rechtfertigung noch in dem *Sinn und Zweck des Arbeitsverhältnisses,* in den *arbeitsrechtlichen Gesamtzusammenhängen* und in der *Natur der Sache* finden." (Hervorhebung vom Verf.) Daß das Anliegen der Stärkung der Gewerkschaft durch Tarifausschlußklausel zu den Gesamtzusammenhängen des Arbeitsrechts zählt, kann m. E. füglich nicht bestritten werden.

[10] Hierzu sagt Nipperdey bei Hueck-Nipperdey, Grundriß (1. Aufl. 1960) 260: „Der Arbeitskampf ist geschichtlich . . . als ein Kampf um die Arbeitsbedingungen — im weitesten Sinne des Wortes — entstanden. Diese Bedeutung hat er im Wesentlichen auch heute noch, wie schon ein Blick auf Art. 9 III GG . . . zeigt." Diese Erkenntnis bleibt richtig, auch wenn man bedenkt, daß sie von Nipperdey in den folgenden Auflagen abgeschwächt wurde.

a) Es wird behauptet, die Tarifpartner hätten die Zuständigkeit nur für solche sozialpolitischen Maßnahmen, die innerhalb des *hergebrachten Aufgabenbereiches der Koalition* liegen. Das ist unrichtig. Es wäre eine zu starke Verengung ihres Tätigkeitsfeldes. Das Tarifvertragsgesetz selbst hat gegenüber der Tarifvertragsverordnung, die nur Inhaltsnormen kannte, eine erhebliche Erweiterung gebracht. Inzwischen sind neue Gegenstände des sozialen Bereiches von der Autonomie der Sozialpartner in Anspruch genommen worden: Überbetriebliche Ausbildungsgemeinschaften, vorbeugende Gesundheitspflege (bis zu Erholungsheimen an der Côte d'Azur), Zusatzversorgung im Alter, Vermögensbildung, Berufsausbildung von Arbeitswaisen usw., alles Dinge, von denen sich noch vor wenigen Jahrzehnten niemand etwas hätte träumen lassen. Sie sind zum Teil in gemeinsamen Einrichtungen verfestigt und bewegen Hunderte von Millionen Mark. Daß sie sich außerhalb der tariflichen Legalität bewegen sollten, wird durch die Wirklichkeit widerlegt[11]. Es besteht kein Grund und widerspräche jeder Erfahrung, die Tarifmacht auf dem Stande irgendeines Zeitpunktes einfrieren oder versteinern zu lassen. Ich zitiere hierzu wieder Dietz: „Die These, das Grundgesetz garantiere in Art. 9 III einen Tarifvertrag, so wie er historisch überkommen sei und sich durchgesetzt habe, ist nicht überzeugend[12]."

b) Es wird behauptet, die Tarifpartner hätten sich auf Vereinbarungen zu beschränken, die dem *sozialen Schutzzweck* des Tarifrechts entsprechen[13]. Hierzu beruft man sich insbesondere auf Bemerkungen

[11] Ebenso Galperin, AuR 1965, 4; Boetticher, BB 1965, 1081.

[12] DB 1965, 592; vgl. dens. Grundrechte 435 zur Frage, ob die Gewerkschaft parteipolitisch und konfessionell neutral sein muß: „Wie sonst kann auch hier nicht unterstellt werden, daß das Grundgesetz eine bei seinem Erlaß gerade gegebene Gestaltung ausschließlich zulassen wollte ..."; s. auch Nipperdey, Festschrift Möhring (1965) 99 zu den Voraussetzungen für den Koalitionsbegriff und die Tariffähigkeit: „Ich habe schon früher darauf hingewiesen, dies bedeute nicht, daß die Voraussetzungen in alle Ewigkeit in diesem Umfang kanonisiert sind. Sie entsprechen der bisherigen historisch entstandenen Situation und Rechtslage."

Wenn BVerfG 30. 11. 1965, DB 1966, 229 auf die historische Entwicklung zurückgreift, so nicht, um eine Weiterbildung anzuhalten, sondern um einer Verengung gegenüber früher (es handelte sich um die Tätigkeit der Gewerkschaften im Bereich der Personalvertretung) entgegenzutreten.

[13] Vgl. Schelp, Festschrift Nipperdey (1965) II 590 (zur gemeinsamen Einrichtung).

von Nipperdey und Nikisch[14], die jedoch ein Sonderproblem betreffen, nämlich die Abgrenzung der Tarifmacht gegenüber der sogenannten *Individualsphäre*, auf die einzuwirken nach der bekannten Lehre von Siebert den Tarifpartnern verschlossen sein soll.

Dieser Lehre, auf die im Einzelnen einzugehen hier nicht der Raum ist[15], ist entgegenzuhalten, daß sie Ursache und Wirkung verkehrt: Wo den Tarifpartnern aus Gründen, die erst noch darzulegen sind, der Eingriff in die von Siebert genannten Rechtspositionen verwehrt ist, dort ergibt sich daraus, daß der Arbeitnehmer insoweit eine Individualsphäre besitzt; nicht ist umgekehrt eine solche Sphäre zunächst da und daraus die Begrenzung der Tarifmacht abzuleiten. Dieser methodisch falsche Ansatzpunkt hat weitgehende Bedeutung: Wenn etwa bereits entstandene Ansprüche auf Lohn oder auf Ruhegeld einer späteren Verkürzung durch die Tarifpartner entzogen sind, so mag dies als Erscheinungsform ihres Individualbereichs benannt werden, ist jedoch nicht eine Folge fehlender Zuständigkeit, sondern im *Schutz vor Enteignung* begründet und nach den Grundsätzen zu behandeln, wie sie für die *Drittwirkung der Grundrechte* entwickelt wurden[16]. Hierbei ist freilich das entzogene Recht nicht schlechthin geschützt, sondern unterliegt der sozialen Bindung und muß sich deshalb auch gegebenenfalls gewisse Einwirkungen durch die Kollektivpartner gefallen lassen[17]. Die Parallele zur Enteignung hat übrigens schon vor vielen Jahren Herschel gezogen[18].

---

[14] Hueck-Nipperdey II 190; Nikisch II 295.

[15] Siebert, BB 1953, 241 ff. und Festschrift Nipperdey (1955) 119 ff.; dazu Hilger, Das betriebliche Ruhegeld (1959) 190 ff. und dies., Referat zum 43. dt. Juristentag (1960); Hueck-Nipperdey II 189 ff.; Nikisch II 292 ff.; Karakatsanis, Die kollektivrechtliche Gestaltung des Arbeitsverhältnisses und ihre Grenzen (1963) 80, 88; Biedenkopf 227 ff. (ausführlich).

[16] Vgl. Biedenkopf 237 (Parallele zur Enteignung), 243 (zur „grundrechtlich geschützten Stellung" des Normunterworfenen); Huber II 10; a. A. Kimminich in: Bonner Kommentar (2. Aufl.) Bem. 25 zu Art. 14. Das BAG (o. Anm 9) begrenzt die Tarifmacht u. a. durch Art. 2 GG. Siehe auch unten Anm. 18.

[17] Ein solcher Gesichtspunkt wird von Hilger, Ruhegeld 263 f. als Solidaritätsgedanke herausgearbeitet; vgl. auch Biedenkopf 248. — Eine Folge dieser Bindung ist auch die Pflicht, Teile des Lohnes an eine Zuschußkasse abzuführen, auch wenn dem Arbeitnehmer die bare Auszahlung lieber wäre. Das Problem ist nicht damit zu lösen, daß man die Günstigkeit der Barauszahlung verneint (was RAG ARS 4, 170 ff. mit Gründen tut, die nicht überzeugen; man denke nur etwa an Beiträge durch eine Arbeitnehmerin, die in absehbarer Zeit heiraten und sich aus dem Arbeitsleben zurückziehen will); es kommt hier vielmehr wegen der Sozialbindung auf die Günstigkeit gar nicht an.

[18] Herschel, Tariffähigkeit und Tarifmacht (1932) 54 ff. — Gegen sie ohne Begründung Zöllner, RdA 1964, 448.

Der Schutz der Individualsphäre zwingt also nicht zu der These, die Tarifpartner könnten nur Dinge vereinbaren, die dem Schutz des Arbeitnehmers dienten.

Daß eine solche These unrichtig ist, ergibt sich ohne Weiteres aus der Ordnungsaufgabe des Tarifrechts. Der Staat würde seine Verpflichtung zur Neutralität und zur Wahrung des Gleichgewichts verletzen, wollte er selbst Arbeitsnormen immer nur zugunsten des Arbeitnehmers erlassen; nichts anderes kann aber für die Tarifpartner gelten, von denen wir ein ausgewogenes und die Wirtschaft nicht erdrückendes System gegenseitiger Gewährungen erwarten[19]. So haben wir denn eine Fülle von Tarifnormen, die im Interesse des Arbeitgebers erlassen wurden und an deren Wirksamkeit nicht zu zweifeln ist (Normen über Ausschlußfristen, das Verbot der Lohnabtretung, die Auferlegung der mit Lohnabtretungen verbundenen Kosten auf die Beteiligten, Torkontrollen, das Verbot des Tragens hoher Absätze usw.); mit Recht hat Hueck und, ihm folgend, das Bundesarbeitsgericht[20] bei der Frage, ob ein betriebliches Abtretungsverbot möglich ist oder die Individualsphäre des Arbeitnehmers verletzt, zu bedenken gegeben, daß die Interessen beider Seiten berührt werden, das Lohnbüro entlastet, die Ordnung des Betriebes gefördert wird.

Darüber hinaus zeigt die Tarifwirklichkeit auch sonst, daß die Tarifpartner unangefochten Bestimmungen im Bereich der sog. Individualsphäre treffen, wo dies dem Arbeitnehmer günstig ist. Tarifliche Renten können auch mit Wirkung für die Ruheständler erhöht werden; darüber hinaus verschafft etwa der Tarifvertrag über die Zusatzversorgungskasse im Baugewerbe von 1960 auch solchen Arbeitnehmern eine Zusatzrente, die schon vor Abschluß des Vertrages in den Ruhestand getreten waren. Hier Nichtigkeit anzunehmen, wäre ein Bärendienst, den die Wissenschaft dem sozialen Fortschritt leisten würde.

---

[19] Gegen die Schutztheorie mit Schärfe auch Boetticher, BB 1965, 1082. Es sei nicht so, „daß die Zulässigkeit der tariflichen Normen nur danach zu messen ist, ob sie den Arbeitnehmer begünstigen".

[20] Hueck-Nipperdey, Tarifvertragsgesetz (3. Aufl. 1955) Bem. 37 zu § 1 (ähnlich Stahlhacke, Bem. 47 zu § 1); BAG 20. 12. 1957, AP Nr. 1 zu § 399 BGB.

Und selbst wenn entgegen allen diesen Bedenken an der Voraussetzung festzuhalten ist, daß nur solche Tarifnormen möglich sind, die den Schutz des Arbeitnehmers bezwecken, ist anzunehmen, daß Abreden, die die Gewerkschaft stärken, diesem Zwecke dienlich sind. Es muß hier doch wohl das gleiche gelten wie bei den betrieblichen Normen, die man auch damit rechtfertigt, sie würden letztlich auch dem wohlverstandenen Interesse des Arbeitnehmers entsprechen (und sei es eine Torkontrolle).

Haben wir oben den Gedanken der Enteignung bei Eingriffen in die Individualsphäre angesprochen, so ist nun auch die Differenzierung nach der Gewerkschaftszugehörigkeit daraufhin zu untersuchen. Wenn nämlich im Tarifvertrag vereinbart wird, die den Gewerkschaftsmitgliedern vorbehaltenen Leistungen durch Zahlungen des Arbeitgebers zu finanzieren, die in Prozenten der Lohnsumme berechnet werden, so möchte es scheinen, daß hier dem Unorganisierten jene Prozente, etwa 2 % des Lohnzuwachses, genommen werden, ohne daß er dafür etwas erhält. Diese Sicht ist indessen unrichtig, solange dem Außenseiter nicht vom bestehenden Lohn etwas abgezogen werden soll: Er hat gar keinen Anspruch auf die Zahlung dieser 2 % an sich selbst. Würden sie dem Organisierten bar ausgeschüttet, so hätte der Unorganisierte daran keinen Anteil; es kann aber nichts anderes gelten, wenn der Arbeitgeber diese 2 % einer Kasse zuwendet, die ihrerseits die Verteilung vornimmt. Dem Außenseiter wird nichts genommen; ohne die Gewerkschaft hätte er nicht nur jene 2 % nicht, sondern auch nicht die Grundsteigerung, die als unmittelbare Lohnerhöhung von der Gewerkschaft nach wie vor auch für ihn mit erstritten wird. Irrig ist deshalb die Ansicht des ArbG Düsseldorf, es würde über einen Teil des Lohnes verfügt. Daß hier in Prozenten der Bruttolohnsumme gerechnet wird, dient lediglich der Art und Weise der Berechnung der Verpflichtung des Arbeitgebers; würde diese statt dessen in festen Summen angegeben, wäre ganz offensichtlich, daß zum Lohn des Außenseiters eine Beziehung nicht besteht.

c) Das Vorangegangene leitet über zur Begrenzung der Tarifmacht aus dem *Gegenstand der Regelung*. Ausgangspunkt ist wieder Art. 9 III GG und der darin enthaltene Begriff der „Wahrung und Förderung der Arbeits- und Wirtschaftsbedingungen". Dieser ist weiter als die Formel des § 1 TVG, der von Normen spricht, die den Inhalt, den Abschluß und die Beendigung von Arbeitsverhältnissen sowie betriebliche und betriebsverfassungsrechtliche Fragen ordnen. Deshalb ist § 1 TVG verfassungskonform erweiternd auszulegen, es genügt ein mittelbarer Zusammenhang zum Inhalt des Arbeitsverhältnisses (wie etwa bei der Berufsausbildung). Der mittelbare Zusammenhang mit dem Arbeitsverhältnis ist bei der Differenzierung nach der Gewerkschaftszugehörigkeit nicht zu leugnen.

Dem Vorrang des Art. 9 III GG wird die Auffassung von Stahlhacke nicht gerecht, auf die nunmehr etwas näher eingegangen werden soll. Er schreibt Bem. 157 ff. zu § 1 TVG zunächst, der Primat des Kollektivgedankens verdiene auch heute noch volle Anerkennung. Dazu würde ich sagen, daß von einem Primat nur so weit gesprochen werden sollte, wie dies für die Erfüllung der Aufgabe der Ordnung des Arbeitslebens erforderlich ist; im übrigen sollten kollektive und private Sphäre gleichwertig nebeneinander stehen. Stahlhacke fährt fort, der Kollektivmacht seien durch höherrangiges Recht Grenzen gesetzt, und es würden auch hier immanente Schranken bestehen. Das Erste ist selbstverständlich; durch den Hinweis auf die Drittwirkung der Grundrechte ist dies bereits verdeutlicht worden (oben S. 79). So wäre (Stahlhacke Bem. 166) die Gestaltung der arbeitsfreien Zeit durch Tarifnorm ein Verstoß gegen Art. 2, der Einstellungszwang und das Verbot der Nebenbeschäftigung (Bem. 165, 167) ein Verstoß gegen Art. 12; die Entziehung entstandener Ansprüche oder erworbener Anwartschaften (Bem. 172, 173) und Abreden über die Verwendung erworbener Ansprüche (Bem. 168) wären im Licht des Art. 14 zu sehen. Daß Abzüge für Sozialkassen usw. trotzdem zulässig sind (Bem. 169), verdeutlicht nur die in Art. 14 II angesprochene Sozialbindung. Alles das sind *keine Fragen der Grenzen der Tarifmacht, sondern der Rechtswidrigkeit der Tarifnorm;* Tarifnormen, die das Grundgesetz verletzen, sind aus diesem Grunde unwirksam, nicht aber, weil es an der Zuständigkeit für ihren Erlaß gefehlt hätte. Die „immanenten Schranken“ der Tarifmacht sind dagegen bislang ein Begriff, der der Verdeutlichung noch bedarf. — Eine weitere Schranke sieht Stahlhacke Bem. 158 in der Delegation; die Normsetzung könne niemals weiter gehen als der Umfang der Delegation. Das ist richtig, sofern man auf die Umschreibung des Tätigkeitsbereiches in Art. 9 III GG und nicht auf die etwas engere Fassung des § 1 TVG abstellt. Aber auch schon aus dem Wortlaut des § 1 TVG ergibt sich nicht, daß, wie Stahlhacke meint, die tarifliche Abrede, aus dem sozialen Schutzzweck des Tarifrechts bedingt, einen *engen Sachzusammenhang* mit dem Arbeitsverhältnis besitzen müßte[21]. Von einer solchen Einschränkung ist weder in Art. 9 III GG noch in § 1 TVG die Rede, und auch das BAG (oben Anm. 9) zieht die Grenze nach „Sinn und Zweck des Arbeitsverhältnisses“, den „arbeitsrechtlichen Gesamtzusammenhängen“ und

---

[21] Ähnlich wie Stahlhacke Karakatsanis 75 ff.

der „Natur der Sache[21a]". Nach Stahlhacke Bem. 161 steht ein Urlaub zur sozialpolitischen Schulung, etwa zur Teilnahme an einem Refa-Lehrgang, in einem genügend engen Zusammenhang mit dem Arbeitsverhältnis, nicht mehr aber ein Urlaub zur politischen Bildung. Auch für so manche andere Frage bleiben die Grenzen „zweifelhaft".

Es ergibt sich, daß die hier behauptete Voraussetzung der Tarifmacht „enge Beziehung zum Arbeitsverhältnis" in ihren Konturen so undeutlich ist, daß sich daraus eine Einschränkung der Tarifmacht nicht rechtfertigen läßt. Etwas anderes würde bedeuten, daß die verfassungsrechtlich gesicherte Regelungsmacht der Tarifpartner zu einem Hazardspiel wird, das insbesondere in der Frage der Streikfähigkeit aufgestellter Forderungen für die Gewerkschaften verderblich werden könnte. Eine solche Art der Rechtsfortbildung ist deshalb abzulehnen. Sie vermengt zu oft die *Zuständigkeit* der Tarifpartner mit der inhaltlichen *Zulässigkeit* des von ihnen Vereinbarten.

Der Zusammenhang zum Arbeitsverhältnis entfällt aber auch nicht dadurch, daß hinter einer (erreichten oder erstrebten) Regelung fernere Ziele stehen, die sich nicht in den unmittelbaren Leistungen an den Arbeitnehmer erschöpfen. Daß hinter der Differenzierung nach der Gewerkschaftszugehörigkeit auch ein *verbandspolitisches Motiv* steht, entzieht sie nicht der Tarifmacht.

In seiner Monographie S. 96 ff. behandelt Biedenkopf das Gebiet des von ihm so genannten „mittelbaren Koalitionszwanges" (Tarifausschlußklausel, zusätzliches Urlaubsgeld, zusätzliche Altersversorgung); es gehe hier, so sagt er, nicht um den Schutz des Arbeitnehmers vor Mißbrauch der wirtschaftlichen Machtstellung des Arbeitgebers, sondern um den Schutz der Koalition vor der Bedrohung ihrer Schlagkraft durch den Außenseiter, „nicht um Anerkennung, sondern um ihre Sicherheit". Solche Ziele hätten nicht Teil am Vorrecht des Art. 9 III GG und müßten den gleichen Regeln unterliegen, die für den Koalitionszwang anderer Vereinigungen gelten; es handele sich um eine „Sperre oder sperreähnliche Maßnahme", § 26 GWB. Die Tarifausschlußklausel sei unzulässig, weil sie die Vertragsfreiheit der Außenseiter beschränke, ohne dem Schutzzweck des Arbeitsrechts zu dienen[22].

[21a] Vgl. jetzt auch BVerfG 30. 11. 1965, DB 1966, 229, wo der Schutzbereich der Koalitionstätigkeit Art. 9 III GG entnommen wird: „Art. 9 III GG unterscheidet nicht danach, ob die Koalitionen es unternehmen, die Arbeits- und Wirtschaftsbedingungen unmittelbar oder mittelbar zu wahren und zu fördern."

[22] Ebenso Mayer-Maly, BB 1965, 833 f.

Gegen diese Darlegungen sind verschiedene Bedenken anzumelden. Zum Ersten paßt der Ausdruck „mittelbarer Zwang“ schon nicht, wenn man den zulässigen Inhalt der Tarifausschlußklausel, wie hier geschehen, begrenzt: Das zusätzliche Urlaubs- und Altersruhegeld bedeutet einen Anreiz, aber keinen Zwang zum Beitritt. Nur für Zwangsmittel ist man aber überhaupt genötigt, eine Rechtfertigung zu suchen. Weiter ist auch der Vergleich mit den Kartellen fehlerhaft: Kartelle sind unerwünscht und von der Rechtsordnung nur geduldet, die Koalitionen haben dagegen ihren festen Platz in der Verfassungsordnung; schon deshalb verbietet sich jede Analogie. Zudem würde die „Sperre“ der Organisations-, nicht der Tarifausschlußklausel entsprechen. Weiter verfolgt die Tarifausschlußklausel entgegen Biedenkopf durchaus in erster Linie den Zweck des Schutzes des Arbeitnehmers: Die Erhaltung der Schlagkraft der Organisation ist Voraussetzung für eine wirksame Wahrung der Interessen von Organisierten wie Außenseitern; zudem geht es darum, den Organisierten einen gewissen Ausgleich für die Tragung der finanziellen Lasten der Gewerkschaft zu schaffen. Selbst wenn man also von der Gewerkschaft erwartet, daß sie, wie der brave Mann, an sich selbst zuletzt denkt, so ist es doch die Sorge um die Mitglieder, von der die Tarifausschlußklausel nicht weniger als von irgendwelchen eigennützigen Motiven beherrscht wird. Hier sei eingeflochten, daß zwar viel von der Mißstimmung der Außenseiter, wenig aber von der Mißstimmung der Organisierten die Rede ist. Jedoch auch darauf ist Rücksicht zu nehmen. Biedenkopf unterstellt weiter, daß nur solche Normen innerhalb der Tarifmacht liegen, die den unmittelbaren Schutz des einzelnen Arbeitnehmers bezwecken, wovon bereits oben S. 78 die Rede war. Weiter kann eine Tarifnorm nicht deshalb der Tarifmacht entrückt sein, weil für ihren Erlaß fernere Überlegungen mitbestimmend waren. Das ist bei zahllosen Tarifnormen der Fall: Viele dienen den Interessen der Unternehmer, andere allgemeinen Interessen wie der Stärkung der Wehrkraft oder dem Schutz von Ehe und Familie (Sozialzulagen). Wollte man die Tarifnormen auf ihre Motive hin sichten und nur solche von Bestand lassen, die gewissermaßen „chemisch rein arbeitsrechtlich“ sind, so müßte eine große Zahl von ihnen fallen.

Schließlich ist die Stärkung der Gewerkschaft ein rechtmäßiges Motiv, was in § 59 BVG durch den Gesetzgeber ausdrücklich bestätigt worden ist. Hierzu sei statt aller auf Biedenkopf 282 verwiesen: Der Schutz des Normsetzungsmonopols der Tarifpartner diene nicht nur dem Betriebsfrieden und der Einheitlichkeit der Tarifordnung, sondern

„vor allem dem Vollzug der verfassungsrechtlichen Garantie der Koalition. Diese Garantie beschränkt sich nicht auf die Existenz der Koalition; sie erstreckt sich auf die wichtigsten Bedingungen ihrer Funktionsfähigkeit. Zu ihnen gehört die Privilegierung der freiwilligen Mitgliedschaft in der Koalition durch das Tarifvertragssystem. Man überlege sich die Aussichten einer Gewerkschaft, Arbeitnehmer als Mitglied zu gewinnen, für die der Tarifvertrag ohnehin kraft Betriebsvereinbarung gilt."

„Sind Koalitionsfreiheit, Tarifautonomie und Freiwilligkeit der Mitgliedschaft untrennbare Bestandteile einer einheitlichen Garantie der Vereinigung zur Wahrung und Förderung der Arbeits- und Wirtschaftsbedingungen, so wird diese Garantie auch „ausgehöhlt", wenn man jeden Anreiz für die Arbeitnehmer beseitigt, der Koalition beizutreten. Wenig ist dazu besser geeignet, als den nichtorganisierten Arbeitnehmern die Vorteile kollektiver Bemühungen um bessere Arbeitsbedingungen auch ohne die Verpflichtungen der Mitgliedschaft durch Betriebsvereinbarung zukommen zu lassen."

Dem ist zuzustimmen; es ergibt sich daraus, daß das Motiv der Stärkung und Erhaltung der Gewerkschaft als solches berechtigt ist. Dann wäre es aber ein sinnloser Widerspruch, wollte man annehmen, daß die Wahrnehmung eines anerkannten und berechtigten Interesses durch erlaubte Mittel etwas, was ganz eindeutig zum „Inhalt des Arbeitsverhältnisses" gehört, dem plötzlich entziehen würde und damit insgesamt widerrechtlich sein sollte. Damit soll nicht geleugnet werden, daß rechts- und verfassungswidrige Motive einen Streik unzulässig machen können, aber das hängt von der Qualität des Motivs ab und ergibt sich nicht allein daraus, daß hinter arbeitsrechtlichen weitere verbandspolitische Zwecke verfolgt werden.

Schließlich sind Motive auch nicht judiziabel. Es muß schwere Bedenken erwecken, so weitgehende Entscheidungen wie die Leugnung der Tarifmacht mit der damit verbundenen Haftung für Millionenschäden von der Motivation, also einem Vorgang der inneren Willensbildung, abhängen zu lassen, der für den Richter überhaupt nicht feststellbar ist. Würden die organisationspolitischen Motive die Macht haben, einen Gegenstand tariflicher Regelung zu entrücken, der ihr sonst unterworfen ist, so würden sie nur beim ersten (fehlgeschlagenen) Versuch enthüllt, in Zukunft aber sorgfältig vor der Öffentlichkeit bewahrt werden. Hieran knüpft sich das weitere Bedenken: Während der Arbeitgeberverband dank seiner Struktur organisationspolitische Motive geheimhalten kann, ist dies für die Gewerkschaft, die der Klarlegung ihrer Ziele bedarf, um die Arbeitnehmer hinter sich zu sammeln, sehr viel schwieriger. Ein organisationspolitisch motivierter Streik liefe also eher Gefahr, als rechtswidrig erkannt zu werden, als eine entsprechend motivierte Aussperrung.

Zum Argument, die Vertragsfreiheit sei verletzt, sei auf das oben S. 70 Ausgeführte verwiesen.

Ganz ähnlich schreibt Boetticher 1081: „Auch das bei langjähriger Gewerkschaftszugehörigkeit erhöhte Ruhegeld bleibt dem Gegenstand nach Ruhegeld und fällt insoweit unter den zulässigen Gegenstand der Inhaltsnormen."

Eine Grenze ergibt sich für die Tarifausschlußklausel allerdings nach h. M. aus § 3 II TVG[23]. Wenn das Gesetz selbst die Wirkungen betrieblicher und betriebsverfassungsrechtlicher Normen auch auf die Außenseiter erstreckt, so ist insoweit für die Vertragsfreiheit hier wohl kein Raum. Das ist zwar nicht unbedingt zwingend, wenn man den Ausschluß als eine Frage des persönlichen Geltungsbereiches des Tarifs versteht (unten S. 88), mag aber auf sich beruhen. Was betriebliche Normen sind, beurteilt sich dabei nach der Eigenart des Gegenstandes der Regelung, nicht danach, ob die Regelung in einem Verbands- oder Firmentarifvertrag enthalten ist[24]. Das ist etwa für Lohnansprüche in Firmentarifen unbestritten, gilt aber nicht weniger für Urlaubsgeld und ähnliche Leistungen. Ob die Auszahlung durch den Arbeitgeber oder eine eigens eingerichtete Zahlstelle (Kasse,

[23] Vgl. Hessel, DB 1960, 208; Haberkorn, AG 1960, 507; Biedenkopf 311; Boetticher, BB 1965, 1081.

[24] So mit Recht Fechner, Gutachten 68; ArbG Düsseldorf, unten Anhang III. Vgl. zur Abgrenzung der betrieblichen Normen Dieterich, Die betrieblichen Normen nach dem TVG vom 9. 4. 1949 (1964) 55, 71.

Treuhänder) erfolgt, ändert daran nichts. Es kann auf den Kreis der Bezieher keinen Einfluß haben, ob für jeden Betrieb eine solche Zahlstelle besteht oder ob diese zur Vereinfachung in einer überbetrieblichen Einrichtung zusammengefaßt sind. Etwas anderes gilt natürlich von solchen Kassen, die auf Grund einer Betriebsvereinbarung oder einseitig durch den Arbeitgeber errichtet wurden; hier ist die Gewerkschaft nicht Vertragspartner, für eine Differenzierung ist kein Raum, es gilt deshalb das Gebot der Gleichbehandlung, § 51 BVG, unser Problem stellt sich nicht.

Aus den obigen Gründen kann ich deshalb Boetticher nur bedingt folgen, der in seinem Aufsatz S. 1081 die Möglichkeit einer Differenzierung (zu Recht) beim betrieblichen Rauchverbot, (zu Unrecht) aber auch bei Ansprüchen gegen betriebliche Einrichtungen leugnet. Das ist nur richtig, soweit es sich nicht um Ansprüche aus Inhaltsnormen gegen tarifliche Einrichtungen mit auf den Betrieb beschränktem Geltungsbereich handelt[25].

d) Schranken sind der Tarifmacht auch *von der Person her* gezogen; der Außenseiter wird von ihr grundsätzlich nicht berechtigt und verpflichtet. Das ist nach der Norm ebenso unbestreitbar, wie die Rechtswirklichkeit anders aussieht. Tatsächlich ist es so, daß die Tarifpartner, wie schon oben S. 39 dargetan, in ihrem Bereich das Berufsrecht für alle schaffen. Dessen ungeachtet werden sie, sollten ihre Vereinbarungen einmal Auswirkungen auf die Außenseiter haben, in vielstimmigem Chor mit Strenge zur Ordnung gerufen.

(1) Ein erstes Beispiel bietet das Urteil des Arbeitsgerichts Düsseldorf (unten Anhang III). Es glaubt die Grenzen der Tarifmacht überschritten, weil in dem umkämpften Tarifvertragsentwurf gesagt war, „alle Arbeitnehmer" sollten einen Sockelbetrag von 60,— DM Urlaubsgeld erhalten. Das sei, so sagt das Gericht, eine Ausdehnung der Normsetzungsmacht auf Außenseiter. Ich vermag das so nicht zu sehen. Gibt es für die Auslegung von Tarifnormen mehrere Möglichkeiten, von denen eine dem Gesetz entspricht, so ist diese zu wählen, nicht anders, wie Gesetze verfassungskonform auszulegen sind[26]. Die vom Gericht gewählte Auslegung war aber nicht die einzig mögliche, sondern im Gegenteil recht unwahrscheinlich. Wenn in einem beliebigen Tarifvertrag gesagt wird, der Ecklohn betrage 4,— DM, dann ist

---

[25] Ähnlich wie Boetticher wohl Merker, DB 1960, 263.

[26] Vgl. kürzlich für eine Betriebsnorm BAG 28. 9. 1965, DB 1966, 39.

es so, daß tatsächlich alle den Ecklohn bekommen, rechtlich aber nur die Organisierten auf ihn Anspruch haben. Die Beteiligten hätten auch sagen können: „Alle bekommen 4,— DM", und niemand hätte sich darüber Gedanken gemacht. So findet sich die Formel „alle Arbeitnehmer" in zahlreichen Tarifverträgen, ohne daß hier die Frage der Grenzen der Tarifmacht jemals aufgeworfen würde[27]. Wenn nun eine solche, zugegeben nicht ganz geglückte Formulierung in den umkämpften Vertrag geschlüpft ist, so war die Auslegung möglich: alle bekommen, wie üblich, den Sockelbetrag, aber rechtlich haben nur die Organisierten auf ihn Anspruch, nicht anders, als stünde dort „Es wird ein Urlaubsgeld von 60,— DM gezahlt". — Eine zweite Möglichkeit der Auslegung bietet sich an, da es sich um einen Firmentarifvertrag handelte. Die Gewerkschaft konnte sich nach allgemeinen Grundsätzen vom Arbeitgeber die Leistung des Sockelbetrages an alle versprechen lassen (§ 328 BGB) und hatte daran vielleicht auch ein gewisses Interesse, um das Urlaubsgeld erst einmal einzuführen. — Schließlich kann, wer diese beiden Auslegungen verwirft, die Formel „alle Arbeitnehmer" immer noch so verstehen, daß der Arbeitgeber sich verpflichten wollte, den Nichtorganisierten im Arbeitsvertrag den Sockelbetrag zu versprechen und die Treuhänder zur Auszahlung hierzu zu ermächtigen[27a]. Wir haben also drei mögliche Auslegungen. Das Gericht hat sie alle nicht gewählt, sondern stattdessen, am Buchstaben wider den Sinn des Ausdruckes haftend, angenommen, die Gewerkschaft habe hier, über ihre Macht hinausgehend, normativ „Leistungen an die Außenseiter" erstrebt, obwohl doch das ganze Bestreben der Gewerkschaft gerade dahinging, die Außenseiter an den tariflichen Vergünstigungen *nicht* voll teilhaben zu lassen. Folgerichtig ist dies nicht.

(2) Nunmehr ist der Augenblick gekommen, die *rechtliche Funktion der Gewerkschaftszugehörigkeit* zu betrachten. Abgesehen von den Fällen der gesetzlichen Erstreckung auf die Außenseiter ist sie in erster Linie *Ansatzpunkt für die Tarifbindung*, gewissermaßen der eine Brükkenpfeiler, der die Brücke der Normen trägt, auf der die gegenseitigen Rechte einander erreichen. Aber das hindert nicht, der Gewerkschaftszugehörigkeit noch eine weitere Aufgabe zuzuweisen: sie kann nämlich sehr wohl gleichzeitig auch *anspruchbegründendes Merkmal* sein, nicht anders wie jede andere Eigenschaft des Arbeitnehmers, wie

---

[27] Vgl. etwa § 1 III TV über eine zusätzliche Alters- und Invalidenbeihilfe im Baugewerbe vom 12. 11. 1960: „Persönlicher Geltungsbereich. Alle Arbeitnehmer, die ..."

[27a] Diese Deutung wird durch den Wortlaut des § 3 I a.a.O.: „Die Treuhänder sind verpflichtet ... auszuzahlen" (unten S. 114) nahegelegt.

Familienvater, Schwerarbeiter, schwanger usw. Die Gewerkschaftszugehörigkeit gehört auch zum *persönlichen Geltungsbereich;* denn nicht die Tarifbindung, wohl aber der persönliche Geltungsbereich unterliegt der Vertragsfreiheit der Parteien. Das wird deutlich, wenn in Tarifverträgen, wie bei den Bautarifen, die Eigenschaft als Organisierter selbst qualifiziert, etwa 10jährige Zugehörigkeit zum Verband verlangt wird. Hier bringt die Zugehörigkeit als solche erst die Tarifbindung, aber noch nicht den Anspruch. Das wird auch deutlich, wo anspruchsbegründendes Merkmal nicht die Zugehörigkeit zur vertragschließenden Gewerkschaft, sondern zu irgendeiner Gewerkschaft ist. Der Andersorganisierte erhält hier vorerst von Rechts wegen nichts, weil es ihm an der Tarifbindung fehlt; daß er in den persönlichen Geltungsbereich des Tarifvertrages fällt, nützt ihm noch nicht. Das ändert sich indessen mit der Allgemeinverbindlicherklärung. Durch sie wird für den Andersorganisierten die fehlende Tarifbindung hergestellt, und nunmehr kann seine Gewerkschaftszugehörigkeit mit all ihren Qualifizierungen in ihrer Eigenschaft als anspruchbegründendes Merkmal wirksam werden. Nehmen wir an, der Tarifvertrag der Gewerkschaft Textil-Bekleidung mit dem Saarländischen Verband, der Leistungen aus der Kasse nur für Mitglieder der Gewerkschaft Textil-Bekleidung vorsieht, würde für allgemeinverbindlich erklärt. Damit würde einmal der Außenseiter-Arbeit*geber* erfaßt und zu den Zahlungen herangezogen. Es würde weiter der Außenseiter-Arbeit*nehmer* erfaßt. Er ist nunmehr tarifgebunden; wenn er trotzdem nichts erhält, so deshalb, weil er trotz Tarifbindung das anspruchbegründende Merkmal „Mitglied der GTB" nicht erfüllt, ebenso wenig wie ein lediger Außenseiter dann irgendwelche Familienzulagen beanspruchen könnte. Daß diese Deutung richtig ist, zeigt die Betrachtung des Tarifs über die besonderen Alters- und Invalidenbeihilfen im Baugewerbe von 1962. Hier genügt die Zugehörigkeit zu irgendeiner Gewerkschaft. Erfolgt nun die Allgemeinverbindlicherklärung, dann wird ein Andersorganisierter, etwa Mitglied des Christlichen Bauarbeiterverbandes, tarifgebunden; und weil er überhaupt organisiert ist, erhält er auch die Zusatzrente.

Das heißt aber: Der überall anzutreffende Vorbehalt, eine Allgemeinverbindlicherklärung eines Tarifvertrages mit Differenzierungen stoße ins Leere, sei begrifflich nicht denkbar[28], weil Außenseiter gerade nicht erfaßt werden sollten, ist schon aus diesem Grunde nicht richtig. Wenn Leistungen den Organisierten vorbehalten werden, so handelt es sich hierbei um Einschränkungen des persönlichen Geltungsbereiches des Tarifvertrages, der nur in der Regel insoweit mit dem Bereich der Tarifbindung zusammenfällt, dies aber, wie das Beispiel des Bautarifs zeigt, nicht muß. Das Bundesarbeitsministerium hätte ohne Schaden den ganzen Tarifvertrag von 1962/1965 für allgemeinverbindlich erklären können.

Freilich ist auch hier ein Vorbehalt nötig. Selbstverständlich denkt das geltende Recht bei der Gewerkschaftszugehörigkeit in erster Linie an ihre Bedeutung für die Tarifbindung, und dies soll keineswegs umgestoßen oder in seiner grundsätzlichen Bedeutung verkleinert werden. Nach wie vor bleibt also die Allgemeinverbindlicherklärung eine zentrale Figur des Tarifrechtes und kann nicht dadurch auf Arbeitnehmerseite überspielt werden, daß man trotz Allgemeinverbindlicherklärung dem Außenseiter die normalen Leistungen des Vertrages vorenthält, weil er nicht unter den persönlichen Geltungsbereich des Tarifvertrages fallen würde. Aber das gilt, wie gesagt, für die normalen Leistungen, in denen der Arbeitnehmer — Empfänger ja auch nicht als Gewerkschaftsmitglied benannt zu werden pflegt (und wo dies der Fall ist, dies als rein die Gesetzeslage klarstellende Bemerkung gedacht ist). Wo indessen Differenzierungen in der zulässigen maßvollen Art auf die Gewerkschaftszugehörigkeit abstellen, greift die andere Auslegung als Einschränkung des persönlichen Geltungsbereiches ein.

Wenn die h. M. die Erstreckung der Tarifausschlußklausel auf den Außenseiter ablehnt, so geht sie zu sehr von einem Modell der Differenzierung aus, als würden die Parteien nur vereinbaren: „Der Außenseiter soll nichts haben"; warum aber eine Vereinbarung „soviel für Alle und soviel für den Organisierten" „ins Leere stoßen" soll, ist

---

[28] Vgl. Hueck-Nipperdey-Stahlhacke, § 5 Bem. 31; Kettner, AG 1961, 105; Schelp, Festschrift Nipperdey (1965) II 605 f.

auch unabhängig von der soeben gegebenen Deutung nicht recht einzusehen, ganz abgesehen davon, daß die Heranziehung des Außenseiter-Arbeitgebers schon für sich genommen Zweck genug sein kann. Der Außenseiter steht nach Allgemeinverbindlicherklärung immer noch besser als vorher, gibt ihm diese doch den Anspruch auf wenigstens das, was für Alle vorgesehen ist. Hier zu glauben, man müsse ihn davor schützen, daß sich die (zur Erbringung der differenzierenden Leistung eingeschaltete) gemeinsame Einrichtung „gegen ihn richten" könnte (Boetticher), wäre ein schlechter Dienst für ihn.

Daß Bestimmungen der Tarifpartner, die auf Außenseiter Bezug haben, auch in anderer Form vorkommen und sinnvoll sind, bezeugt der in RAG ARS 6, 500 entschiedene Fall. Hier hatten die Parteien des Tarifvertrages einen Außenseiterbetrieb in eine Sonderklasse S ihres Lohntarifs eingereiht. Der Tarifvertrag wurde für allgemeinverbindlich erklärt, der Außenseiter klagte auf Feststellung, daß diese Einreihung (mit der damit verbundenen Pflicht zur Zahlung erhöhten Lohnes) unwirksam sei. Das RAG gab ihm Recht, weil es sich bei der Einreihung in die Sonderklasse nicht um eine Normativbestimmung gehandelt habe (sie auch eine Bestimmung zu Lasten Dritter gewesen sei), aber nur Normativbestimmungen einer Allgemeinverbindlicherklärung zugänglich seien. Nipperdey kritisiert in der Anmerkung die Entscheidung mit Recht[29]: Die Einreihung in die Sonderklasse hänge mit der Lohnhöhe untrennbar zusammen, etwas, was den Lohn bestimme, sei aber Inhaltsnorm. „Zwar haben die Tarifparteien von sich aus nicht die Möglichkeit, Außenseiter in den Tarifvertrag einzubeziehen, das scheitert an der Tarifmacht der Verbände. Aber sie können die tarifliche Lohnregelung im Rahmen der allgemeinen Gesetze (§ 138 BGB) beliebig regeln. Soweit man also in der Aufzählung und der Zuteilung zur Sonderklasse eine reine Inhaltsnorm erblickt, ... kann die Bestimmung für Außenseiter nicht wirken in einem einfachen Tarif, aber sie kann wirksam werden für die Außenseiter, wenn der Reichsarbeitsminister den Tarif mit dieser Bestimmung für allgemeinverbindlich erklärt." Dem ist zuzustimmen. Wenn es aber möglich ist, nach den Bedürfnissen und Möglichkeiten der Arbeitgeber zu differenzieren (und damit auch etwa auf Grenzbetriebe Rücksicht zu nehmen), unabhängig davon, ob sie im Verband organisiert sind, wenn also in diesem Falle die (vorsorgliche) Rücksicht auf den Außenseiter nicht tarifrechtlich unmöglich, weil ins Leere stoßend, ist, dann sollte bei Differenzierung auf der Arbeitnehmerseite wohl nichts anderes gelten. Dem Außenseiter

[29] Kritisch auch Auerbach (o. Anm. 3) 62.

geschieht durch solche Abmachung kein Unrecht: Bis zur Allgemeinverbindlicherklärung ist sie wirkungslos, und ob sie für allgemeinverbindlich erklärt wird, unterliegt nicht zuletzt dem pflichtgemäßen Ermessen der Behörde, die auf den Außenseiter gebührend Rücksicht nehmen wird[30].

Gegen die Allgemeinverbindlicherklärung eines vorsorglich differenzierenden Tarifvertrages wendet Schelp[31] ein, die Tarifpartner seien „rechtlich nicht in der Lage, im Tarifvertrag normativ anzuordnen, im Fall einer AVE des Tarifvertrages sollten die durch die AVE erfaßten Arbeitgeber und Arbeitnehmer anders als die organisierten gestellt sein. Solchen Tarifbestimmungen käme ungeachtet anderer Bedenken gar keine normative Kraft zu, weil sich die Normensetzungsbefugnis der Tarifvertragsparteien eben nur auf die tarifgebundenen Arbeitsverhältnisse beschränkt". Hier wird indessen übersehen, daß die Normsetzungsbefugnis vor Allgemeinverbindlicherklärung bei jedweden Bestimmungen auf die Organisierten beschränkt ist, während die Allgemeinverbindlicherklärung gerade diese fehlende Befugnis hinsichtlich der Außenseiter ersetzt. Daraus lassen sich verschiedene Ergebnisse je nach dem Inhalt der tariflichen Bestimmungen nicht begründen.

In ihrer Untersuchung über die Rechtsnatur der Allgemeinverbindlicherklärung (oben S. 38 Anm. 35) sagen Nipperdey — Heußner in Anm. 67 a, die Tarifpartner hätten Autonomie gegenüber den Außenseitern nur zur Festsetzung gleicher Arbeitsbedingungen. Dafür wird aber keine Begründung gegeben; es heißt nur, die Vorschriften des Tarifvertragsgesetzes, insbesondere § 5, würden dies erkennen lassen. Das Gesetz schweigt indessen, auch das Wort „Allgemeinverbindlicherklärung" sagt darüber nichts aus. Der Verfassungsgesetzgeber hat Tarifausschlußklauseln für zulässig gehalten (o. S. 55 ff.). Die Erstreckung ungleicher Arbeitsbedingungen kann also nur dann unzulässig sein, wenn sich dies aus anderen Gründen ergibt.

(3) Damit sind wir bei der Frage, ob sich Grenzen der Tarifmacht aus dem *Verständnis der Allgemeinverbindlicherklärung* ableiten las-

---

[30] In diesem Sinne fragt Auerbach 62, ob nicht „ein Weg offen bleiben [soll], daß die Tarifparteien, die die Allgemeinverbindlicherklärung des Tarifvertrages voraussehen, gewisse Sonderbestimmungen für Außenseiterbetriebe gleich im voraus vereinbaren, die wiederum für die Organisierten nicht passen. Allerdings ist ein Mißbrauch nicht ausgeschlossen, wenn zum Beispiel die Tarifparteien vereinbaren, daß an Nichtorganisierte ein Stundenlohn von 90 Pfennigen statt wie an Organisierte von 1,— RM gezahlt werden soll, oder daß die Sozialzulagen für Nichtorganisierte nicht gelten. Solche Bestimmungen würden normativen Charakter haben, weil sie die Lohnhöhe betreffen; ihre Übernahme in die AVE würde aber voraussichtlich an dem Veto des Reichsarbeitsministers scheitern, so daß hier ein Riegel gegen Mißbräuche vorhanden wäre."

[31] Schelp, Festschrift Nipperdey II 605; ebenso Mayer-Maly, BB 1965, 832.

sen. Ganz allgemein ist die Ansicht verbreitet, durch AVE würde eine bestehende Tarifausschlußklausel hinfällig[32]. Daraus wird weiter der Schluß gezogen, die Parteien wären deshalb gehindert, einen Antrag auf Allgemeinverbindlicherklärung zu stellen, was wiederum das Ganze rechtswidrig mache[33]. — Es mag Differenzierungen geben, für die dies zutrifft, doch darf das nicht verallgemeinert werden. Die Verträge des Baugewerbes ebenso wie der Entwurf der Gewerkschaft Textil — Bekleidung sind von der Art, daß eine Allgemeinverbindlicherklärung einschließlich der in ihnen enthaltenen Differenzierungen möglich war, ohne deren Inhalt zu verändern.

Boetticher 1078 f. zieht den entgegengesetzten Schluß. Er nimmt nicht an, daß die Differenzierung bei Allgemeinverbindlicherklärung von selbst hinfällig wäre, und knüpft daran das Bedenken, daß dadurch das Institut der AVE gefährdet werde: Einerseits hätten die Behörden nicht die Macht, zur AVE vorgeschlagene Normen inhaltlich zu verändern. Andererseits sei die unveränderte Verbindlicherklärung unzulässig, da die Differenzierungen den Gleichheitssatz und die Koalitionsfreiheit verletzen würden. Damit entfalle eine AVE, dies dürfe aber wegen der „Indienstnahme" der Tarifpartner im öffentlichen Interesse auch für die Außenseiter (dazu oben S. 43) nicht sein. — Ähnliche Bedenken scheinen auch dem Arbeitsgericht Düsseldorf (unten Anhang III) vorgeschwebt zu haben. Sie fallen dahin, wenn man in der maßvollen Differenzierung nichts Rechtswidriges sieht, wie dies oben dargetan wurde.

(4) Grenzen werden der Tarifmacht im Verhältnis zum Außenseiter auch aus dem Gedanken gezogen, die Normsetzung durch Tarifvertrag sei, wie jede Normsetzung, an die *Legitimation* durch den normunterworfenen Bürger gebunden, Art. 20 GG. Biedenkopf hat in seiner tiefgründigen und gedankenreichen Monographie diese Ansicht an mehreren Stellen dargelegt (insbes. 47 ff., — 49, 51 —, 292 ff. u. ö.), wobei er auf die Parallele staatlicher und gemeindlicher Normsetzung und auf die Bindung der politischen Parteien an das Prinzip

---

[32] Vgl. Nolting-Hauff, NZfA 1928, 476; Galperin, Festschrift Bogs 99 f.; Hessel, DB 1960, 208; Gumpert, BB 1960, 102; Merker, DB 1960, 266; Fechner, Gutachten 68.

[33] Diesen Schluß zieht Lehna, DB 1959, 917; dagegen meint Gumpert, BB 1960, 103, mit Recht, in der Tarifausschlußklausel liege noch nicht das Verbot, die Allgemeinverbindlicherklärung zu beantragen.

demokratischer Legitimation, Art. 21 GG, verweist, andererseits natürlich aber nicht so weit geht, die Legitimation als Zustimmung zur konkreten jeweiligen Tarifnorm selbst zu verstehen (die Legitimation sei ein „formales Ordnungsprinzip", S. 59). Mayer-Maly hat in seinem bereits mehrfach erwähnten Aufsatz[34] diesen Gedanken aufgegriffen und zum Angelpunkt seiner Überlegungen gemacht. Beide Autoren erstrecken das Legitimationserfordernis in der Weise, daß auch bloß schuldrechtliche Abreden der Tarifpartner insoweit unwirksam und unzulässig sind, als von ihnen die Außenseiter berührt würden. So sagt Biedenkopf 60, „auch die vertragliche Normsetzung ohne eine den Tarifnormen eigentümliche Verbindlichkeit ist nur auf Grund einer besonderen Zuständigkeitserweiterung wirksam möglich". Mayer-Maly sieht die Tarifmacht ausschließlich durch den freiwilligen Beitritt zum tarifschließenden Verband legitimiert, so daß jedwede Einflußnahme auf die Außenseiter, auch ihre Begünstigung, ausgeschlossen sei; das gelte auch für die Gestaltung gemeinsamer Einrichtungen. Tarifbestimmungen, die den Außenseiter, wie Mayer-Maly sagt, „erfassen", seien unzulässig und unwirksam, sie würden zudem die Funktion der Allgemeinverbindlicherklärung zumindest auf Arbeitnehmerseite „ins Leere gehen lassen". Wegen dieser aus der Unwirksamkeit gefolgerten Unzulässigkeit seien auch schuldrechtliche Abreden zwischen Tarifpartnern insoweit nichtig, als sie denselben Erfolg erzielen würden wie eine ihnen verschlossene normative Regelung. Deshalb sei auch die nur schuldrechtlich wirkende Tarifausschlußklausel nichtig[35].

Diese Ansicht erhebt in Umkehrung der Verhältnisse den *Außenseiter zum archimedischen Punkt des Tarifrechts.* Die Übertragung des

---

[34] BB 1965, 829 ff.

[35] Über die Unzulässigkeit tariflicher Abreden, die Tariflöhne als Höchstlöhne zu behandeln, wird Entsprechendes behauptet, vgl. Biedenkopf 75, Hueck-Nipperdey-Stahlhacke, Bem. 192 zu § 4; Dietz, DB 1965, 594; Zeuner, DB 1965, 630. Das Problem liegt hier indessen anders, geht es doch um den Schutz aller Arbeitnehmer und um die Erhaltung des Günstigkeitsprinzips. Der Ansatzpunkt der Lösung wird auch hier — ohne daß dies mehr als ein Hinweis sein soll — nicht aus vorgegebenen Grenzen der Tarifmacht, sondern aus dem Gedanken der Drittwirkung (Schutz der Entfaltungsfreiheit des Arbeitnehmers) zu gewinnen sein.

so verstandenen Legitimationsgedankens staatlicher Normsetzung auf den Tarifbereich muß entweder die Tarifautonomie oder die negative Koalitionsfreiheit zerstören, ohne dem Außenseiter, den man schützen will, anderes als Nachteile zu bringen.

Jede Außenwirkung (Überwirkung) auf den Nichtorganisierten zu unterbinden, wäre eine ernste Bedrohung der Tarifautonomie. Dadurch würde zum Ersten der eigentliche Kernbereich tariflicher Regelung, für den durch den Beitritt die Legitimation gegeben ist, gefährdet, denn ihre Wirksamkeit setzt voraus, daß normative und schuldrechtliche Regelungen ineinander greifen und daß die schuldrechtliche Seite vieles ergänzt, was normativ nicht zu erreichen ist; die Geschichte des Tarifrechts zeigt überdies, daß bei jeder Rechtsänderung aus einem Stück schuldrechtlicher ein Stück normativer Regelung geworden ist. Unterbindet man dies, dann hindert man die Schutzwirkung, die die schuldrechtliche Erstreckung auf den Außenseiter für den normativ Gebundenen bedeutet, wie es durch Außenseiterklausel[36] und Wiedereinstellungsklausel offenbar wird: Außenseiterklauseln werden vereinbart, um den Organisierten vor der „Schmutzkonkurrenz" und damit vor der Verdrängung vom Arbeitsplatz zu bewahren; wird zugunsten der Außenseiter schuldrechtlich die Wiedereinstellung vereinbart, so vor allem deshalb, weil es für die Entschlossenheit zu künftigen Arbeitskämpfen entscheidend ist, daß alle, die am Streik teilnehmen, ihren Arbeitsplatz auch wieder vorfinden.

Zum Zweiten kann die Tarifautonomie dann aber auch ihre Aufgabe nicht erfüllen. An anderer Stelle wurde gesagt, daß die „sinnvolle Ordnung des Arbeitslebens" nicht darin bestehen kann, einseitig nur dem Arbeitnehmer günstige Normen zu vereinbaren, sondern daß von den Tarifpartnern ein ausgewogenes System des gegenseitigen Gewährens erwartet wird. Nicht minder ist aber eine Ordnung undenkbar, die auf die 28 % der Beteiligten beschränkt ist, die aktive Mit-

---

[36] Dazu Hueck-Nipperdey-Stahlhacke, Bem. 140 zu § 1; Gumpert, BB 1960, 101; Reuß, AuR 1960, 34; Biedenkopf 100, — Vor Inkrafttreten der TVVO hatte man sogar angenommen, der tarifgebundene Arbeitgeber sei aus dem Tarifvertrag verpflichtet, auch mit dem Außenseiter nur zu tariflichen Bedingungen abzuschließen (s. o. S. 41 Anm. 46).

glieder der vertragschließenden Verbände sind. Gewiß liegt diese Beschränkung dem § 3 I TVG zugrunde; dies aber nicht wegen der Unorganisierten, sondern weil man von der Vorstellung der Gewerkschaftsmehrheit ausgegangen ist. Wenn in unserem System einer tatsächlich bestehenden Gewerkschaftseinheit diese Norm die umfassende Ordnung des Arbeitslebens nicht verhindert hat, so deshalb, weil die Rechtswirklichkeit, wie dargelegt, sich nicht nach ihr gerichtet hat, sondern die Tarifverträge in praxi den Maßstab für alle setzen. Wäre dies anders, dann müßte an Stelle der Tarifpartner der Staat durch eine größere Zahl von Allgemeinverbindlicherklärungen oder durch Mindestarbeitsbedingungen die fehlende Ordnung herstellen. Das widerspricht indessen dem klar ausgesprochenen Vorrang tariflicher Regelung, der man deshalb die Mittel zur Erreichung ihrer Ziele auch nicht beschneiden darf.

Ist die „Ordnung und Befriedung des Arbeitslebens“ mithin nicht zu erreichen, wenn jedwede Überwirkung unterbunden wird, will man aber andererseits auf die Legitimation durch den Normunterworfenen nicht verzichten, dann bleibt nur als Ausweg die Zwangsmitgliedschaft bei der Gewerkschaft. Diese würde zum Syndikat, vergleichbar den Industrie- und Handelskammern, mit all den Folgerungen, die sich daraus ergeben. Allein dieser Zustand wäre auch die echte Parallele zur Legitimation staatlichen Handelns; auch in den Staat wird man hineingeboren, ohne gefragt zu werden, und ohne das Recht der „negativen Staatsfreiheit“. Will man indessen an der negativen Koalitionsfreiheit festhalten — und eine Zwangsmitgliedschaft wäre „ohne grundsätzliche Änderung der gesamten Arbeitsverfassung undenkbar“, so Biedenkopf 94 —, dann bleibt aber nur, auf die Legitimation durch den Außenseiter insoweit zu verzichten.

Die Wahl ist nicht schwer. Die Zerstörung der Tarifautonomie müßte die sonstigen Repräsentationsaufgaben der Verbände zu einer leeren Hülle ohne Inhalt werden lassen; da die Tarifautonomie zudem ein wichtiges Übungsfeld staatsbürgerlicher Tugenden ist, müßte auch der Staat selbst und der demokratische Gedanke Schaden nehmen. Aus all diesen Gründen ist die These widerlegt, jedwede Überwirkung liege außerhalb der Tarifmacht; ein so weitgehender Satz ist aus § 3 I TVG, und aus den weiteren Beispielen[37], die anderen Sphären entstammen, nicht zu entnehmen (wie ja auch die Vereinbarkeit von § 3 II TVG mit der Legitimationslehre für Biedenkopf große Schwierigkeiten macht). *Die fehlende Legitimation gibt die Verfassung selbst, ihr Auftrag zur Ordnung des Arbeitslebens,* die in ihm liegende „Bewidmung", „Beleihung" der Tarifpartner mit einer öffentlichen Aufgabe. Zur Bewältigung dieses Auftrages steht den Tarifpartnern das ganze Arsenal des bürgerlichen Rechtes zur Seite[38], was ja schon bei der Auslegung des Tarifentwurfes der Gewerkschaft Textil — Bekleidung als Vertrag zugunsten der Außenseiter oder als Ermächtigung an die Treuhänder zum Ausdruck gekommen ist (oben S. 87 f.). Die richtige Lösung lautet: *So viel Legitimation wie möglich, so viel Außenwirkung wie nötig.* Es bleibt bei dem augenblicklichen Zustand fruchtbarer Spannung zwischen diesen beiden Polen.

Die Lehre Biedenkopfs würde schließlich das Paradox zeigen, daß sich für die von der Verfassung besonders geschützte Koalition die Fähigkeit zur Setzung objektiven Rechts als Danaer-Geschenk erwiese: Aus der Verleihung der Normsetzungsmacht würden sich Schranken der Vertragsfreiheit ergeben, die anderen Vereinen, die der Normsetzungsmacht entbehren, nicht gezogen werden. Das Mittel der angemessenen Erfüllung ihres öffentlichen Auftrages würde sich mithin als Waffe gegen die Koalition kehren (vgl. auch o. S. 63).

Selbstverständlich bleibt der Schutz des Außenseiters vor unzulässigen Übergriffen ein wichtiges Anliegen. Er wird aber nicht dadurch verwirklicht, daß man den Tarifpartnern jede Einflußnahme verwehrt; damit wäre ihm vielmehr, wie gerade Außenseiterklausel und Wiedereinstellungsklausel zeigen, kein Gefallen getan, wie

[37] Die von Biedenkopf gezogene Parallele zur Gemeinde ist deshalb nicht recht überzeugend, weil auch Nichtgemeindemitglieder gemeindlicher Normsetzung unterworfen sein können; die Parallele zu den Parteien deshalb nicht, weil diese zwar an sich demokratisch organisiert sind (nicht anders als die Gewerkschaften), Nichtparteimitglieder jedoch von den Beschlüssen der Parteien zwar stark berührt werden, an ihnen aber nicht beteiligt sind.

[38] Vgl. Hueck, RdA 1961, 148: Kraft Vertragsfreiheit können die Parteien schuldrechtlich Beliebiges vereinbaren, was sich innerhalb von Gesetz- und Sittengemäßem bewegt.

ja auch der umstrittene Tarifvertragsentwurf der Gewerkschaft Textil — Bekleidung für ihn zunächst einmal die Wirkung hatte, einen Anspruch auf den Sockelbetrag des Urlaubsgeldes zu gewinnen[38a]. Unzutreffend ist der Einwand, die schuldrechtliche Erstreckung würde für den Außenseiter die Gefahr erhöhen, entlassen zu werden, wenn der Arbeitgeber ihn nicht zu tariflichen Bedingungen beschäftigen könne[39]. Wer sollte denn an seiner Stelle eingestellt werden, wenn Außenseiter und Organisierte gleich zu behandeln sind? Auch im übrigen sollte man die Möglichkeiten tatsächlicher Einflußnahme nicht überbewerten[40]. Der Schutz des Außenseiters ist vielmehr — hier wie in allen anderen Fällen — nach dem Inhalt der tariflichen Einflußnahme zu bemessen, die insoweit unwirksam ist, als sie einen Verstoß gegen seine Grundrechte und Grundfreiheiten darstellen würde. Er unterscheidet sich dadurch in nichts von dem Mitglied des Verbandes, dem die Grundrechte den gleichen Schutz zuteil werden lassen.

(5) Auf das Gleiche wie die vorgenannten Überlegungen zum Fehlen der Tarifmacht dürfte schließlich die Lehre von Lehna hinauslaufen, Tarifbestimmungen, die Außenseiter erfassen, gingen *ultra vires* und seien deshalb nichtig[41]. An sich ist es sehr zu begrüßen, daß Lehna damit englisches Gedankengut in die Diskussion einbringt; die Rechtsvergleichung im Arbeitsrecht, Stiefkind unserer Forschung, kann nicht nachdrücklich genug gefördert werden. Dennoch kann ein Vertrag deutscher Tarifpartner kaum nichtig, ein Streik kaum rechtswidrig sein, weil ein englischer Rechtssatz solches verbieten würde; von der Heranziehung ausländischen Gedankengutes als Hilfsmittel der Auslegung[42] zu seiner unmittelbaren Anwendung ist doch ein großer Schritt. Im übrigen ist die Anwendung der Ultra-vires-Lehre auf Gewerkschaften im englischen Recht ein sehr undurchsichtiges Kapitel. Anwendungsfälle waren etwa das Sammeln von Geldern für eine politische

---

[38a] Vgl. auch die oben S. 80 erwähnte Erstreckung tariflicher Normen über ein zusätzliches Ruhegeld auf die ausgeschiedenen Arbeitnehmer.

[39] So Biedenkopf 101.

[40] Daß ein Unterschied darin bestehen soll, daß der Organisierte durch die Mitgliedschaft die Möglichkeit habe, auf die Anpassung der tariflichen Arbeitsbedingungen hinzuwirken, nicht aber der Außenseiter (so Biedenkopf, a.a.O.), scheint mir nicht zwingend zu sein. In erster Linie werden die Verantwortlichen bei der Gewerkschaft das Nötige tun!

[41] DB 1959, 916.

[42] Dazu Gamillscheg, Arbeitsrecht und Rechtsvergleichung, Festschrift Kraus (1964) 102 ff.

Partei, die Finanzierung eines Verleumdungsprozesses oder der Ankauf von Aktien einer Zeitung durch die Gewerkschaft, also vornehmlich Fragen des Verhältnisses der Gewerkschaft zu ihren Mitgliedern. Ein eigenes Gesetz von 1913 sucht den Auswirkungen der Anwendung der Ultra-vires-Lehre in der Rechtsprechung entgegenzuwirken[43]. Für unser Thema läßt sich daraus wohl nichts gewinnen.

e) Schließlich hat man behauptet, die Tarifausschlußklausel müsse auf jeden Fall an ihrer *praktischen Undurchführbarkeit* scheitern[44]; insbesondere würde eine Klausel, die zur Herabsetzung bestehender Löhne zwingt, den Arbeitgeber zu einer Änderungskündigung nötigen, die nach § 1 KSchG nicht gerechtfertigt wäre (dazu schon oben S. 8). Im übrigen sei es für ihn kaum feststellbar, wer zur Gewerkschaft gehöre, die Differenzierung sei eine unzumutbare Erschwerung der Buchhaltung. — Solche praktischen Grenzen sind in der Tat zu beachten. Wenn sich die Schwierigkeiten der Durchführung einer Tarifausschlußklausel über Gebühr türmen, wird der Satz eingreifen müssen, daß Unmögliches oder Unzumutbares[45] nicht verlangt werden kann. Das Bedenken wird freilich ausgeräumt, wenn es nicht der Arbeitgeber selbst ist, der differenzieren muß, wie dies bei der Beschränkung des Tarifausschlusses auf gewisse Leistungen und ihre Erbringung durch eine eigene Zahlstelle der Fall ist. Die Notwendigkeit zu Änderungskündigungen, das sei angemerkt, besteht nur dort, wo im Arbeitsvertrag bestimmte tarifliche Leistungen versprochen wurden, die nunmehr zu kürzen wären. Wo indessen, wie meist, nur auf den jeweiligen Tarif Bezug genommen wird, bedarf es keiner Kündigung, denn dann erfaßt die Verweisung den Tarifvertrag einschließlich seiner Differenzierungen. — Ebenso bestehen keine Bedenken gegenüber ausländischen Gastarbeitern, die auf Grund der Mustervereinbarung der Bundesrepublik mit den Entsendeländern eingestellt wurden. In dieser Mustervereinbarung wird auf die Tarifbestimmungen Bezug genommen. Differenzieren diese nach der Gewerkschafts-

---

[43] Citrine, Trade Union Law (2. Aufl. 1960) 299 ff.

[44] Merker, DB 1960, 263 ff.; Denecke, RdA 1961, 13 f.

[45] Diese Unzumutbarkeit ist eine praktische, hat einen anderen Inhalt als die von Boetticher (o. S. 35) angenommene ideologische Unzumutbarkeit.

zugehörigkeit, so gilt das auch für den Ausländer; er kann der Gewerkschaft beitreten und sich damit den Genuß der zusätzlichen Leistung verschaffen.

3. Als letzte Aufgabe bleibt zu prüfen, ob die bis jetzt gewonnenen Erkenntnisse auch gelten, wenn die differenzierende Leistung durch eine *gemeinsame Einrichtung* ausgeschüttet wird. Solche Einrichtungen sind nicht sehr zahlreich[46]. Dem entspricht es, daß die gesetzliche Regelung überaus wortkarg ist, die Wissenschaft sie bisher wenig beachtet hat, zwei Gründe, die den Juristen vor vorschnellen Urteilen bewahren sollten. Mit dem Vorbehalt, daß es für eine umfassende Typenlehre wohl noch zu früh ist, kann man zwei Hauptgründe für die Schaffung einer gemeinsamen Einrichtung erkennen: die Erleichterung der technischen Durchführung tariflicher Vereinbarungen und die Umlage tariflicher Lasten im Bereich des Arbeitgeberverbandes.

Beispiele für die erste Gruppe sind etwa die Zusatzversorgungskasse im Baugewerbe, das Versorgungswerk der Presse GmbH., der Verein zur Förderung von Gesundheit und Erholung der Arbeitnehmer der Saarländischen Textilindustrie und die entsprechende Einrichtung in der Miederindustrie: Hier zwingen einmal das Versicherungsprinzip, zum anderen die Vielzahl nicht näher bestimmbarer Maßnahmen zur Zusammenfassung der Leistungen in der Hand einer Kasse. Der einzelne Arbeitgeber wäre zu ihrer Erbringung nicht, bzw. nur mit sehr viel höheren Kosten in der Lage.

Zu den Einrichtungen des Umlageprinzips zählen etwa die „Textile Kasse zur Rentenhöherversicherung“ und die Lohnausgleichskassen des Baugewerbes und der Zigarrenindustrie. Typisch für diese Einrichtungen ist, daß die Leistungen (Zuschüsse zur Rentenhöherversicherung, Lohnausgleich und Übergangsbeihilfe, Sozialzulagen) zwar (mit Ausnahme der Übergangsbeihilfe im Baugewerbe) vom Arbeitgeber ausgezahlt, aber von der Kasse erbracht werden. Diese wird wiederum durch Umlagen finanziert, die in Prozenten der Lohnsumme berechnet werden. So soll die Kasse nicht nur die Leistungen selbst ermöglichen, sondern auch einen Lastenausgleich unter den Arbeitgebern herstellen.

Die Urlaubskasse des Baugewerbes wiederum wird sowohl von der Notwendigkeit zentraler Zusammenfassung der Urlaubsgelder wie der Umlage getragen.

---

[46] Vgl. die Aufzählung von Schelp, Festschrift Nipperdey II 579 ff. und in Bundesarbeitsblatt 1964, S. 781 ff., auf die hier verwiesen sei.

Ganz gleich, welchem Typ die Einrichtung zuzuordnen ist, scheint mir eines festzustehen: Die rechtlichen Möglichkeiten und Grenzen tariflicher Normierung werden nicht dadurch verschoben oder verändert, daß eine gemeinsame Einrichtung in die Erbringung der Leistungen eingeschaltet wird. *Was erlaubt ist, bleibt erlaubt, was rechtswidrig ist, bleibt rechtswidrig*[47]. Das heißt insbesondere: Differenzierungen, die das erlaubte Maß nicht überschreiten, können auch von gemeinsamen Einrichtungen vorgenommen werden, mögen sie ausdrücklich durch eine Tarifausschlußklausel verstärkt sein oder mögen sich die Parteien damit begnügt haben, daß die Bildung einer Kasse es erfahrungsgemäß dem Arbeitgeber so gut wie unmöglich macht, die Differenzierung durch Sonderleistungen an die Außenseiter zu unterlaufen. So sind Leistungen eines Treuhänders an die Organisierten, deren Höhe den Gewerkschaftsbeitrag nicht erreicht, oder Sonderbeihilfen von 45,— DM monatlich nach einer Anwartschaftszeit von 40 Jahren unbedenklich. Dagegen wird sich die im saarländischen Tarifvertrag errichtete Kasse, die 1 % der Gesamtbruttolohnsumme nur für Gewerkschaftsmitglieder ausschüttet[48], eine Überprüfung daraufhin gefallen lassen müssen, ob hier nicht Größenordnungen erreicht werden, die die zulässige Grenze überschreiten. Das hängt natürlich im wesentlichen vom Organisationsgrad ab.

Gemeinsame Einrichtungen können für jeden Zweck errichtet werden, der im weiten Bereich der „Arbeits- und Wirtschaftsbedingungen" liegt; der Vertragsfreiheit sind hier insoweit keine Fesseln anzulegen. Sie können freilich nur dann gegen den Willen des Arbeitgebers erstreikt werden, wenn für ihre Einrichtung eine technische Notwendigkeit besteht (der Fall, daß sie dem Interesse des Arbeitgebers dienen, kann hier ausgeklammert werden). Ist der Arbeitgeber willens, die Leistung zu erbringen und verspricht dies denselben Erfolg wie die Erbringung durch eine Kasse, so hat die Gewerkschaft nicht das Recht,

---

[47] Insoweit ebenso Boetticher und Mayer-Maly, a.a.O.

[48] Sonderbarerweise stimmen Tarifvertrag und Satzung des Vereins hier nicht überein: Der Tarifvertrag spricht von den Mitgliedern der Gewerkschaft Textil - Bekleidung, die Satzung von den „Mitgliedern einer DGB-Gewerkschaft". — Zum Vertrag s. auch Arbeitskammer des Saarlandes 1966, 19.

zwischen Arbeitgeber und Empfänger mit Gewalt die Kasse zu schieben, an der sie paritätisch beteiligt ist. Ein solcher Streik wäre mutwillig. So wäre es etwa kein erlaubtes Streikziel, den Lohn durch eine paritätisch verwaltete Kasse auszahlen zu lassen[49] oder im Bereich des Urlaubs das im Baugewerbe aus technischen Gründen notwendige System auf andere Gewerbezweige zu übertragen, in denen die Urlaubsgewährung unmittelbar durch den Arbeitgeber erfolgen kann.

Man könnte einen solchen Streik nicht damit rechtfertigen, die Auszahlung des Lohnes durch die Kasse diene der Stärkung der Gewerkschaft im Bewußtsein der Arbeitnehmerschaft. Oben wurde zwar dargetan, daß solche organisationspolitischen Ziele an sich durchaus zulässig sind; aber es ist nicht dasselbe, ob ein Anreiz für den Außenseiter geschaffen oder der Arbeitgeber verdrängt werden soll. — Wäre in dem Arbeitskampf der Gewerkschaft Textil — Bekleidung der Arbeitgeber willens gewesen, das differenzierte Urlaubsgeld selbst auszuzahlen, dann hätte die Gewerkschaft das Recht nicht gehabt, für die Auszahlung durch einen Treuhänder zu streiken. Wo natürlich die Leistung selbst abgelehnt wird, die Gegenstand der Streikforderung ist, da berührt es die Zulässigkeit des Streiks nicht, daß ihre Erbringung durch eine gemeinsame Einrichtung vorgeschlagen wird. Das gilt hier um so mehr, als mit der Auszahlung durch die Treuhänder gerade dem Einwand abgeholfen werden sollte, die Differenzierung verschlechtere das Betriebsklima.

Wie die Einrichtungen, die der Umlage dienen, zeigen, kann ein Satz, die gemeinsame Einrichtung müsse dem *Schutz des Arbeitnehmers* dienen, nicht aufgestellt werden[50]. Dieses Argument, das an sich zu einer echten Einengung der Handlungsfreiheit der Tarifpartner nicht zu führen braucht, würde insbesondere bedenklich, wenn es, wie es naheliegt, auf den herkömmlichen Schutz verengt wird. Einer solchen Versteinerung widersprechen indessen nicht nur viele Beispiele aus der Literatur[51], sondern auch die neuere Entwicklung in der Praxis[52].

---

[49] Eine solche Forderung wurde freilich bisher nicht gestellt.

[50] A. A. Schelp, a.a.O.

[51] So nennen Hueck-Nipperdey, Grundriß (3. Aufl.) 203 u. a. Ausbildungs- und Fortbildungsanstalten als taugliche Gegenstände gemeinsamer Einrichtungen.

[52] Die Aufgabe der Rationalisierungskasse der Textilindustrie wird wie folgt definiert: „Zahlungen zwecks Hinderung von Altersrentenverlusten in Form von zusätzlichen Versicherungsbeiträgen zu leisten." Sprachlich kein Meisterstück!

Die *Gestalt der gemeinsamen Einrichtung* ist so vielfältig wie nur möglich: Verein, Stiftung, GmbH, Versicherungsverein auf Gegenseitigkeit, Anstalt des öffentlichen Rechts, bis zum treuhänderischen Kollegium, dessen Rechtsnatur noch genauerer Betrachtung bedarf. Die Abgrenzung zur Einrichtung einer Seite, die keine gemeinsame mehr ist, kann schwierig sein; wenn es etwa im Tarifvertrag zwischen der Gewerkschaft Textil — Bekleidung und dem Verband der saarländischen Textil- und Lederindustrie e. V. in § 2 heißt: „Die GTB errichtet für ihre Mitglieder eine Kasse ...", „die zum fachlichen Geltungsbereich ... gehörenden Betriebe verpflichten sich, 1 % der Bruttolohn- und Gehaltssumme über den Verband in diese Kasse zu zahlen", so fragt man sich, ob man eine gemeinsame Einrichtung mit unparitätischer Verwaltung oder eine Gewerkschaftseinrichtung vor sich hat, zu der die Arbeitgeber Beiträge zahlen.

Für die *Errichtung der gemeinsamen Einrichtung* ist die *Parität* Ausgangspunkt. Die Gewerkschaft kann nicht von vornherein eine Regelung unter Streik erzwingen wollen, in der die Verwaltung der Gewerkschaft vorbehalten oder ihr ein Übergewicht gegeben wird; auch eine Dreier-Verwaltung Arbeitgeber — Gewerkschaft — Betriebsrat wahrt angesichts des Einflusses der Gewerkschaft auf den Betriebsrat die Parität nicht. Dagegen ist nichts einzuwenden, daß der Arbeitgeber seinen Anteil an der Verwaltung freiwillig auf die Gewerkschaftsseite überträgt (und umgekehrt); auch insoweit haben die Koalitionen die freie Wahl ihrer Mittel[53]. Für die Annahme von Mayer-Maly[54], die Verwaltung müsse zwingend paritätisch sein und bleiben, fehlt jeder Anhalt. Es gilt hier nichts anderes als bei den Wohlfahrtseinrichtungen des § 56 BVG, deren Verwaltung dem Betriebsrat ebenfalls allein übertragen werden kann.

Die Rechtswirklichkeit zeigt auch hier ein buntes Bild. Paritätische Verwaltung ist bei der Rationalisierungskasse der westfälischen Textilindustrie, den drei Sozialkassen des Baugewerbes, dem Versorgungswerk der deutschen Presse-GmbH., der Versorgungsanstalt der deutschen Bühnen gegeben; dagegen wird der Vorstand des Vereins Berufs- und Lebenshilfe für die Arbeit-

---

[53] Vgl. zur „freien Wahl der Mittel" BVerfG 6. 5. 1964, o. S. 19 Anm. 4.
[54] BB 1965, 830 f.

nehmer in der Miederindustrie allein von der Gewerkschaft besetzt und der entsprechende saarländische Verein von der Gewerkschaft „errichtet". Die Zusatzversorgungskasse des Bundes und der Länder steht dagegen unter dem beherrschenden Einfluß der Arbeitgeber.

Die *rechtliche Konstruktion* der gegenseitigen Ansprüche und Pflichten wird erschwert, weil sich zwischen Arbeitgeber und Arbeitnehmer als Drittes die Einrichtung schiebt. Das Modell des Tarifvertragsgesetzes, das vom Leistungsaustausch zwischen den beiderseits tarifgebundenen Parteien des Arbeitsvertrages ausgeht, läßt sich auf dieses Dreierverhältnis, zumindest für einen Teil der Fälle, nicht unbesehen übertragen.

So läßt sich zwar der Anspruch auf Zusatzrente gegen das Versorgungswerk der Presse-GmbH. unschwer in das gewohnte Schema einreihen: der Arbeitgeber führt 2½ % des jeweiligen Monatsgehalts des versicherungspflichtigen Redakteurs an das Versorgungswerk ab (§ 9 II MTV); scheidet der Redakteur aus, so geht das Recht aus dem Vertrag auf ihn über; tritt er anschließend in die Dienste eines anderen tarifgebundenen Verlages, so gehen die Rechte und Pflichten des Versicherungsnehmers auf den neuen Arbeitgeber wieder über (Art. IV Anhang zum MTV). Der Tarifvertrag ist zwar allgemeinverbindlich, würde aber ohne AVE Ansprüche der Kasse und gegen die Kasse nur bei beiderseitiger Tarifbindung begründen. — Auch der Rationalisierungsvertrag der westfälischen Textilindustrie läßt sich hier nennen. Die Beihilfen zur Rentenversicherung werden zwar von der Kasse erbracht, aber nicht von ihr, sondern durch den Arbeitgeber an die Sozialversicherung abgeführt; da die Kasse an einen nichttarifgebundenen Arbeitgeber nicht zahlen wird, ist seine Tarifbindung also Voraussetzung. Scheidet der Arbeitnehmer aus Gründen der Rationalisierung aus, so läuft die Beihilfe entsprechend nur weiter, wenn er wiederum bei einem tarifgebundenen Arbeitgeber eingestellt wird. Tritt er bei einem nichttarifgebundenen Arbeitgeber ein, so erhält er nichts mehr — begreiflich, da dieser Arbeitgeber ja auch keine Beiträge leistet. Nach diesem Vertrag ist allerdings das Beitragsaufkommen, wie auch bei den meisten anderen Kassen, vom Organisationsgrad der Belegschaft unabhängig und wird in Prozenten der Lohnsumme berechnet. Dennoch läßt sich Leistungs- und Aufbringungsseite noch im Schema beiderseitiger Tarifbindung unterbringen, wenn auch tatsächlich der genannten Bemessung des Aufkommens die unterschiedslose Leistung an alle Arbeitnehmer entspricht. Daß der Arbeitgeber nicht eigenes Geld, sondern das Geld der Kasse an die Rentenversicherung abführt, ändert daran nichts. — Ähnlich ist es auch bei Urlaubskasse und Lohnausgleichskasse des Baugewerbes. Auch hier zahlt der Arbeitgeber, was ihm die Kasse gibt, unmittelbar aus; die Tarifbindung des Arbeitgebers ist also für den Anspruch des Arbeitnehmers notwendige Voraussetzung.

Für andere Kassen, insbesondere die wichtigste, die Zusatzversorgungskasse, kommen wir indessen mit dem überkommenen System beiderseitiger Tarifbindung nicht mehr aus. Wir müssen uns deshalb hier eine neue Konstruktion einfallen lassen, die das Bestehende erklärt und erhellt. Ausgangspunkt ist die weitgehende Ablösung des Anspruchs vom konkreten Arbeitsverhältnis.

Sie äußert sich einmal in der Berechnung des Beitrags nach Prozenten der Bruttolohnsumme (denkbar ist auch die Bemessung in festen Beträgen), wobei nur darauf gesehen wird, daß der Arbeitgeber tarifgebunden ist, es jedoch auf die Zahl der bei ihm beschäftigten organisierten Arbeitnehmer nicht mehr ankommt. So sagen Blumensaat — Geerling — Leber, man müsse sich davon freimachen[55],

„daß die Leistungen der Sozialkassen etwa von einem für den einzelnen Arbeitnehmer geleisteten Beitrag abhängig wären. Dieser neue Gedanke erforderte eine Umstellung der Anspruchsgrundlagen, insbesondere bei der Zusatzversorgung, bei der bisher nur die mit Beiträgen belegten Beschäftigungszeiten als Wartezeiten galten. Nach der Neuregelung ist es so, daß die für die Erfüllung der tariflichen Leistung notwendigen Mittel in einem Globalbeitrag von den Baufirmen aufgebracht werden. Dieser Globalbeitrag basiert auf der Lohnsumme, weil dies die zweckmäßigste Lösung ist. Auch andere Lösungen wären denkbar gewesen, z. B. als Berechnungsgrundlage für die Aufbringung der Mittel zu den Sozialkassen den Umsatz zu nehmen oder einen Kopfbeitrag u. ä. Dieser Hinweis soll deutlich machen, daß die Abstellung der Berechnungsgrundlage für den Beitrag auf die Lohnsumme nicht im System des neuen Verfahrens liegt, sondern lediglich die Wahl einer Möglichkeit von vielen ist."

Nach der Bruttolohnsumme werden auch die Beiträge zur Rationalisierungskasse, zur Saarländischen Kasse und zur Lohnausgleichskasse der Zigarrenindustrie berechnet.

Zweitens sind die Ansprüche des Arbeitnehmers aber auch vom Vorhandensein eines tarifgebundenen Arbeitgebers unabhängig. Ansprüche gegen die Zusatzversorgungskasse haben Rentner, also Per-

[55] Blumensaat-Geerling-Leber 21.

sonen, die keinen Arbeitgeber mehr haben; sie stehen nicht einem Arbeitgeber gegenüber, auf dessen Tarifbindung es also nicht ankommen kann, sondern der Kasse. Der Sofortrentner, § 5 II 3 des Zusatzversorgungstarifs, der bei Inkrafttreten des Vertrages schon Rentner war, hat möglicherweise überhaupt nur zu Zeiten gearbeitet, in denen es einen Arbeitgeberverband noch nicht gegeben hatte. Wenn nun die Kasse einerseits vom tarifgebundenen Arbeitgeber Beiträge fordern kann, die auf die Zahl der Organisierten im Betrieb keine Rücksicht nehmen, andererseits der Organisierte Ansprüche gegen die Kasse hat, ohne einen Arbeitgeber zu haben, so ergibt sich daraus, daß der Anspruch nicht mehr auf der beiderseitigen Tarifbindung Arbeitgeber — Arbeitnehmer beruht (wie denn auch die Zusatzrente einen festen Betrag aufweist und sich die Abführung von Beiträgen durch den Arbeitgeber an die Kasse nur mittelbar, in der Berechnung der Wartezeiten nach dem 1. Januar 1958, niederschlägt); es übernimmt vielmehr die Kasse jeweils die Funktion der Tarifbindung, die sonst die Tarifbindung des anderen Teiles des Arbeitsvertrages hat; *die „beiderseitige Tarifbindung" ist die Beziehung jeweils zur Kasse.* In dieses Bild fügt sich die Rechtsprechung des Bundesarbeitsgerichts (oben S. 51 Anm. 72) ein, daß der Anspruch der Kasse nicht dem Vergleich unterliegt, ob für den Arbeitnehmer die Zahlung an die Kasse oder die Ausschüttung an ihn selbst günstiger wäre.

Bei der ZVK ist das ganz offensichtlich; die Ablösung vom Verhältnis Arbeitgeber — Arbeitnehmer liegt aber letztlich auch den anderen Kassen zugrunde, in denen zwar der Arbeitgeber die von der Kasse erhaltenen Gelder auszahlt, die Kasse aber pauschal finanziert wird. Das zeigt sich etwa dort, wo sie ausnahmsweise selbst auszahlt, wie die Übergangsbeihilfe an Arbeitslose[56]. Ebenso würde ich dafür halten, daß der Arbeitnehmer sein Urlaubsentgelt direkt von der Kasse fordern kann, wenn aus irgendeinem Grunde der Arbeitgeber hierzu nicht in der Lage ist, etwa weil der Betrieb eingestellt worden ist. Die Pauschalfinanzierung in Prozenten der Bruttolohnsumme entspricht im übrigen einem zwingenden Wettbewerbsinteresse der Ar-

[56] Blumensaat-Geerling-Leber 233.

beitgeber, die darauf sehen müssen, daß die Belastung gleichmäßig und nicht nach der Zahl der Organisierten verschieden groß ist.

Nun liegt der Einwand nahe, alle diese Wirkungen würden deshalb eintreten, weil die genannten Verträge alsbald für allgemeinverbindlich erklärt worden sind. Ich glaube nicht, daß er zutrifft. Die Allgemeinverbindlicherklärung hat die besondere Problematik nicht in Erscheinung treten lassen, doch enthebt uns das nicht der Aufgabe, den gemeinsamen Einrichtungen eine rechtliche Grundlage zu schaffen, die sie auch ohne AVE funktionsfähig sein läßt. Das entspricht dem Willen des Gesetzgebers, der die gemeinsame Einrichtung unabhängig von der AVE anerkannt hat (man denke an die Zweifel, ob Vereinbarungen über gemeinsame Einrichtungen überhaupt für verbindlich erklärt werden können). Auch aus dem Tarifvertrag über die zusätzliche Alters- und Invalidenbeihilfe im Baugewerbe ergibt sich mittelbar, daß man sein Funktionieren auch vor und ohne AVE ins Auge gefaßt hat[57].

Daß die Allgemeinverbindlicherklärung nicht daran scheitert, daß über den Arbeitgeber — Außenseiter eine Art von *Zwangsmitgliedschaft* verhängt wird, ist inzwischen gefestigte Meinung[58]; für den Außenseiter ist dies indessen ein schwacher Trost, da er, nicht einmal Zwangsmitglied werdend, auf die Geschicke der Einrichtung noch weniger Einfluß hat, als dies bei Verleihung der Mitgliedschaft der Fall wäre. Aber darauf kommt es solange nicht an, als Aufbringung und Leistung jeweils im Tarifvertrag ohne allzu große Freiheiten für die Verwaltung festgelegt werden, die Behörde also bei der Allgemeinverbindlicherklärung eine Übersicht über Belastung und Verwendung behält. Einen gewissen Schutz gibt auch die Möglichkeit, bei Mißbräuchen die Allgemeinverbindlicherklärung (freilich im Benehmen mit dem Tarifausschuß) wieder aufzuheben, § 5 V TVG.

---

[57] In § 5 IV 1 a heißt es: „Als Wartezeiten gelten vom 1. 1. 1958 an alle Zeiten der Tätigkeit in einem der in § 2 Abschnitt 2 [= persönlicher Geltungsbereich] der Satzung bezeichneten Betriebe, *sofern diese Betriebe Beiträge entrichtet haben*" (Hervorhebung vom Verf.).

[58] Vgl. o. S. 51 f. Anm. 73.

Wir sind am Ende der Betrachtungen angelangt. Sie haben erwiesen, daß eine von einer gemeinsamen Einrichtung vorgenommene maßvolle Differenzierung innerhalb der von Grundgesetz und Tarifrecht gezogenen Grenzen liegt und auch einer Allgemeinverbindlicherklärung zugänglich ist. Damit ist die Frage, ob es sie geben soll, wieder in den Bereich der gesellschaftspolitischen Auseinandersetzung zurückversetzt, die sich ihr stellen muß, ohne die Verantwortung auf die Schultern des Richters abladen zu können. In dem harten Wettbewerb, der heute herrscht, ist der Unternehmer versucht, vorwiegend oder auch nur Wirtschaftler und Techniker zu sein. Nur die Organisation der Arbeitnehmer ist imstande, das Gegengewicht zum Schutze des Menschen zu schaffen und damit auch die Vorbedingung dafür, daß der einsichtige und sozialgesinnte Unternehmer nicht gegenüber seinen Wettbewerbern in das Hintertreffen gerät. Die Erhaltung dieses Systems der Gewichte und Gegengewichte ist nicht nur für den geschützten Arbeitnehmer, sondern genauso für die Erhaltung des Unternehmertums lebenswichtig, denn in einem demokratischen Staat wird es die Mehrheit auf die Dauer nicht hinnehmen, wenn dieses Gleichgewicht nachhaltig gestört wird. Die Existenz von freien, unabhängigen und vielfach unbequemen Gewerkschaften ist der Preis, den der Unternehmer für das Eigentum an den Produktionsmitteln und die freie Entfaltung seiner unternehmerischen Persönlichkeit zahlt; die Anerkennung des Unternehmertums und des Gedankens der Sozialpartnerschaft ist der Preis, der von der Gewerkschaft für den Schutz ihrer selbst und ihres Tätigkeitsfeldes verlangt wird. Dem Gemeinwohl sind beide in gleicher Weise verpflichtet.

Anhang

Anhang I

Tarifvertrag über besondere Alters- und Invalidenbeihilfen im Baugewerbe vom 10. August 1962 – 30. Oktober 1964 in der Fassung vom 9. September 1965

§ 2 Sonderbeihilfen

1. Arbeitnehmer mit langjähriger Betriebszugehörigkeit bzw. mit langjähriger Zugehörigkeit zur Gewerkschaft haben Anspruch auf Sonderbeihilfen von der Zusatzversorgungskasse des Baugewerbes VVaG, Wiesbaden, zu den Leistungen aus dem Tarifvertrag über eine zusätzliche Alters- und Invalidenbeihilfe im Baugewerbe (TVA) nach Maßgabe nachstehender Bestimmung.

2. a) Arbeitnehmer erhalten, sobald ihre Anspruchsberechtigung auf eine Beihilfe zum Altersruhegeld oder zur Berufs- oder Erwerbsunfähigkeitsrente von der Zusatzversorgungskasse des Baugewerbes (§ 5 I Ziff. 1 und 2 TVA) dem Grunde nach anerkannt ist, eine Sonderbeihilfe, wenn sie bei Eintritt des Versicherungsfalles

in einem baugewerblichen Betrieb (Unternehmen) (§ 1 II) mindestens während der letzten

10 Jahre ununterbrochen in einem Arbeitsverhältnis zu diesem Betrieb (Unternehmen) gestanden haben, in Höhe von

				10,— DM monatlich
20 Jahre	„	„	„	25,— DM monatlich
30 Jahre	„	„	„	35,— DM monatlich
40 Jahre	„	„	„	45,— DM monatlich.

Unverschuldete Unterbrechungen der Betriebszugehörigkeit bis zur Dauer von 12 Monaten werden bei der Bemessung der Betriebszugehörigkeitsdauer nicht als Unterbrechungen angesehen. Nicht als Unterbrechungen werden ferner angesehen Unterbrechungen durch Wehrdienst, Dienstverpflichtung, anerkannte politische Verfolgung, unverschuldete Krankheit und durch Abstellung zu Arbeitsgemeinschaften und anderen Baubetrieben.

Unterbrechungen durch Arbeitslosigkeit oder vorübergehende Tätigkeiten in den Wintermonaten auch außerhalb des fachlichen und persönlichen Geltungsbereiches zur Vermeidung einer Arbeitslosigkeit können bis zu einer Gesamtdauer von drei Jahren bei der Bemessung der Betriebszugehörigkeitsdauer zugunsten des Arbeitnehmers angerechnet werden.

In Fällen, in denen eine Betriebszugehörigkeit durch kriegs- und nachkriegsbedingte Umstände, die ohne Zutun des Arbeitnehmers eingetreten sind, wie Einziehung des Betriebsinhabers, Ausbombung, Betriebsstillegung oder sonstige Störung durch Kriegseinwirkung oder ähnliches unterbrochen, später aber wieder erneuert worden ist, kann die frühere Betriebszugehörigkeit angerechnet werden.

Langjährige Betriebszugehörigkeiten, die durch Flucht oder Umsiedlung beendigt worden sind, können berücksichtigt werden, wenn der Arbeitnehmer mindestens während der letzten 10, 20 usw. Jahre vor der Flucht oder Umsiedlung ununterbrochen in einem Arbeitsverhältnis zu dem baugewerblichen Betrieb (Unternehmen) — § 2 II der Satzung — gestanden hat: Eine solche langjährige Betriebszugehörigkeit kann mit einer Betriebszugehörigkeit von 10, 20 usw. Jahren im räumlichen Geltungsbereich des Tarifvertrages zusammengerechnet werden, sofern die zwischen den beiden Betriebszugehörigkeiten liegende Zwischenzeit nicht mehr als drei Jahre beträgt.

b) Arbeitnehmer erhalten, sobald ihre Anspruchsberechtigung auf eine Beihilfe zum Altersruhegeld oder zur Berufs- oder Erwerbsunfähigkeitsrente von der Zusatzversorgungskasse des Baugewerbes (§ 5 I Ziff. 1 und 2 TVA) dem Grunde nach anerkannt ist, eine Sonderbeihilfe, wenn sie bei Eintritt des Versicherungsfalles im Baugewerbe (§ 1 II) mindestens

10 Jahre der Gewerkschaft	ununterbrochen	angehören	in Höhe von	10,— DM monatlich
20 Jahre	„	„	„	25,— DM monatlich
30 Jahre	„	„	„	35,— DM monatlich
40 Jahre	„	„	„	45,— DM monatlich.

Die Mindestsonderbeihilfe von 10,— DM monatlich erhalten auch solche Arbeitnehmer, die zwar nicht bei Eintritt des Versicherungsfalles, wohl aber am 1. Oktober 1962 der Gewerkschaft 10 Jahre und länger angehört haben.

Die Anspruchsberechtigung auf die Sonderbeihilfen nach vorstehender Ziff. 2 b erlischt mit der Beendigung der Mitgliedschaft zur Gewerkschaft.

3. Die Sonderbeihilfen nach Ziffer 2 a und b sind nebeneinander zu gewähren.

4. Witwen, deren Anspruchsberechtigung auf eine zeitlich begrenzte Beihilfe von der Zusatzversorgungskasse des Baugewerbes (§ 5 II Ziff. 4 und III Ziff. 3 TVA) anerkannt ist, erhalten eine Sonderbeihilfe in Höhe von 30,— DM monatlich, sofern der verstorbene Ehemann im Versicherungsfalle eine Sonderbeihilfe gemäß Ziff. 2 erhalten hätte oder erhalten hat. Diese Sonderbeihilfe wird auf die Dauer bis zu 24 Monaten im Anschluß an die zeitlich begrenzte Beihilfe der Zusatzversorgungskasse des Baugewerbes gewährt, jedoch längstens bis zum Ablauf des Zahlungsvierteljahres, in dem die Witwe wieder heiratet oder stirbt.

5. Die Voraussetzungen für Sonderbeihilfen sind bei Antragstellung nachzuweisen.

6. Entfällt eine der Voraussetzungen zur Beihilfe der Zusatzversorgungskasse des Baugewerbes oder zu den Sonderbeihilfen, so erlischt der Anspruch auf die Sonderbeihilfen zum Ablauf des Zahlungsvierteljahres, in das das Ereignis fällt.

7. Die Leistungsverpflichtungen beginnen am 1. Januar 1965....

Anhang II

Vorschlag der Gewerkschaft Textil — Bekleidung zu einem Tarifvertrag über Urlaubsgeld

§ 1 (Urlaubsgeld)

(1) Zur erholungswirksamen Gestaltung des Urlaubs wird dem Beschäftigten der Firma ein zusätzliches Urlaubsgeld gezahlt.

§ 2 (Aufbringung der Mittel)

(1) Zur Erfüllung dieses Zweckes zahlt die Firma einen Betrag von 2 % der Jahresbruttolohnsumme auf ein von der GTB zu benennendes Treuhandkonto, das von Treuhändern, die von der GTB bestellt werden, verwaltet wird.

(2) Unter Jahresbruttolohnsumme ist der Arbeitsverdienst zu verstehen, der in die Lohnsteuerkarte einzutragen ist.

(3) Die Zahlungen sind jeweils bis zum .... des laufenden Monats für den Vormonat zu leisten. Die Zahlungsverpflichtung beginnt ab Januar 1965.

(4) Spätestens bis zum 31. Januar des folgenden Jahres hat die Firma den Treuhändern gegenüber den Nachweis zu erbringen, daß die eingezahlten 12 Monatsbeträge 2 % der Bruttolohnsumme des Vorjahres entsprechen.

Der Nachweis gilt als erbracht, wenn den Treuhändern eine entsprechende Bescheinigung eines vereidigten Steuer- oder Wirtschaftsprüfers ausgehändigt wird.

(5) Kommt die Firma mit den Zahlungen in Verzug, so haben die Treuhänder das unmittelbare Recht, den fälligen Betrag zu fordern.

§ 3 (Auszahlung des Urlaubsgeldes)

(1) Die Treuhänder sind verpflichtet, vor Beginn des Jahresurlaubs den eingezahlten Betrag als zusätzliches Urlaubsgeld an die im Betrieb beschäftigten gewerblichen Arbeitnehmer nach folgender Maßgabe auszuzahlen:

a) Alle Arbeitnehmer, die bei Beginn des Urlaubs mindestens einen Monat im Betrieb beschäftigt sind, erhalten DM 60,— als Grundbetrag.

b) Die Hälfte des Restbetrages erhalten die Arbeitnehmer, die zu Beginn des Urlaubs mindestens ein Jahr in der Bekleidungsindustrie beschäftigt waren, zusätzlich zum Grundbetrag ausgezahlt.

c) Die andere Hälfte des Restbetrages wird an die Mitglieder der GTB anteilig zu den Ansprüchen aus den Buchstaben a) beziehungsweise a) und b) zusätzlich ausgezahlt.

(2) Der gesamte eingezahlte Betrag wird ausschließlich für den Vertragszweck verwendet. Etwaige Bearbeitungskosten dürfen nur aus den Zinserträgen des Treuhandkontos abgedeckt werden.

(3) Die Treuhänder sind verpflichtet, der Firma den Nachweis über die ordnungsgemäße Auszahlung des Urlaubsgeldes zu erbringen.

(4) Um eine pünktliche Auszahlung zu gewährleisten, händigt die Firma den Treuhändern rechtzeitig vor Urlaubsbeginn eine Liste aus, aus der die Namen und Anschriften der Arbeitnehmer sowie ihre Ansprüche aus Ziffer (1) Buchstaben a) und b) ersichtlich sind.

§ 4 (Benachteiligungsverbot)

(1) Wenn und soweit in der Firma beschäftigte, aber nicht in der GTB organisierte Arbeitnehmer des Betriebes, Geld oder sonstige Leistungen erhalten, die über die in dieser Vereinbarung festgelegten Ansprüche hinausgehen, so muß jeder in der Firma beschäftigte und der GTB angehörende Arbeitnehmer zusätzlich zu den sich aus dieser Vereinbarung ergebenden Leistungen die gleichen Geld- und sonstigen Zuwendungen erhalten, wie es bei den unorganisierten Arbeitnehmern der Fall ist.

Anhang III

Entscheidung des Arbeitsgerichts Düsseldorf vom 9. Juni 1965

„In dem Rechtsstreit

1) des Verbandes der Bekleidungsindustrie für Westfalen Kläger zu 1);

2) der Firma F. W. B., Herford, Klägerin zu 2);

gegen die Gewerkschaft Textil — Bekleidung, Beklagte, wegen Unterlassung, Schadensersatz und Feststellung hat das Arbeitsgericht in Düsseldorf ... für Recht erkannt:

I. ...

II. Auf den Antrag der Klägerin zu 2) wird die Beklagte unter Androhung von Geldstrafen in unbeschränkter Höhe und Haftstrafen bis zu sechs Monaten für jeden Fall der Zuwiderhandlung verurteilt,
es zu unterlassen, den gegen die Klägerin zu 2) in H. am 3. März 1965 eingeleiteten Streik fortzusetzen.

III. Auf den Antrag zu 2) des Klägers zu 1) wird festgestellt, daß die Beklagte verpflichtet ist, an den Kläger zu 1) denjenigen Betrag zu zahlen, der den Firmen H. und B. durch den von der Beklagten gegen diese eingeleiteten Streik als Schaden entstanden ist oder noch entstehen wird.

IV. Auf den Antrag zu 3) des Klägers zu 1) wird festgestellt, daß folgende von der Beklagten abgeschlossenen Firmentarifverträge betreffend die Zahlung eines zusätzlichen Urlaubsgeldes nichtig sind: (folgt Aufzählung von 9 Firmentarifverträgen).

Tatbestand:

Der Kläger zu 1) ist eine Vereinigung von Arbeitgebern im Sinne von § 2 TVG, die Klägerin zu 2) ist Mitglied des Klägers zu 1) und die Beklagte ist eine Gewerkschaft im Sinne von § 2 TVG.

Die zuständige Bezirksleitung der Beklagten hat durch Schreiben vom 21. November 1964 an den Kläger zu 1) den Lohntarifvertrag und das Arbeitszeitabkommen fristgemäß zum 31. Dezember 1964 gekündigt. Das Urlaubsabkommen zwischen den Parteien war bereits vorher durch Schreiben vom 14. September 1964 ebenfalls zum 31. Dezember 1964 gekündigt worden.

Zugleich mit Schreiben vom 21. November 1964 hat die Beklagte neben einer Lohnerhöhung und einer Verkürzung der Arbeitszeit die tarifliche „Vereinbarung eines zusätzlichen Urlaubsgeldes durch Bildung einer Urlaubskasse" gefordert, wobei die Höhe des Urlaubsgeldes sowohl nach der Branchen- als auch der Gewerkschaftszugehörigkeit gestaffelt werden sollte.

In der Verhandlung vom 19. Februar 1965 hat der Kläger zu 1) der Beklagten u. a. folgenden Vorschlag schriftlich unterbreitet:

> „Die Arbeitgeberseite schlägt vor, ein Urlaubsgeld von DM 60,— festzusetzen. Wenn die Gewerkschaft wünscht, diesen Betrag im Rahmen der Gesamtleistung noch zu erhöhen, läßt sich darüber reden."

Darauf hat die Beklagte erklärt, es fehle jede schriftliche Erklärung zu der von ihr geforderten „Vereinbarung einer Urlaubskasse und Zahlung eines differenzierten Urlaubsgeldes aus dieser Kasse". Auch schließe der Vorschlag eines festen Betrages „jede Dynamisierung am künftigen Lohnfortschritt und jede proportionale Steigerung beim Leistungslohn" aus. Es kam zu keiner Einigung.

Die Beklagte hat daraufhin Arbeitskampfmaßnahmen u. a. gegen die Firmen F. W. B. in H. (Klägerin zu 2) und W. H. in K. eingeleitet. Diese beiden Firmen sind Mitglieder des Klägers zu 1).

Die Firma H. wurde seit dem 1. März 1965 bestreikt. Ihr wurde ein Entwurf für einen Firmentarifvertrag über die Zahlung von Urlaubsgeld vorgelegt. Am 16. März 1965 kam es zum Abschluß eines Firmentarifvertrages (FTV), auf dessen Inhalt im einzelnen verwiesen wird. Mit Abschluß dieses FTVes wurden die Arbeitskampfmaßnahmen gegen die Firma H. von der Beklagten eingestellt.

Alle FTVe enthalten — wenn auch unterschiedlich formuliert — ein sog. „Benachteiligungsverbot"*.

§ 3, die Vereinbarung über die Ausschüttung des Urlaubsgeldes, differenziert nach Gewerkschaftszugehörigkeit, ist in allen FTVen wortgleich*.

Auf den Inhalt der FTVe im einzelnen wird verwiesen.

Der Klägerin zu 2) die seit dem 3. März 1965 bestreikt wurde, ist ebenfalls ein Entwurf für einen FTV vorgelegt worden. Auf den Inhalt dieses FTV-Entwurfes wird verwiesen*.

---

* S. oben S. 115.

Die Klägerin zu 2) sperrte mit Wirkung vom 29. März 1965 die streikenden Arbeitnehmer abwehrend und auflösend aus.

Am 5. April 1965 hat auf Wunsch des Landesschlichters NRW, Ministerialrat Lauscher, und unter dessen Vorsitz ein ergebnisloses Schlichtungsgespräch zwischen dem Kläger zu 1) und der Beklagten stattgefunden.

Am 20. April 1965 haben die beiden Firmen F. W. B. und W. H. dem Kläger zu 1) ihre Schadensersatzansprüche abgetreten. Die Firma W. H. hat außerdem den Kläger zu 1) ermächtigt, in ihrem Namen „die mit der Gewerkschaft Textil-Bekleidung abgeschlossenen Tarifverträge vom 16. März 1965 anzufechten". Diese Anfechtung hat der Kläger zu 1) vorsorglich erklärt...

Auch mit der Klägerin zu 2), fanden am 23. und 24. April 1965 Verhandlungen seitens der örtlichen Gewerkschaftsleitung statt, in denen von einem sog. „Herner Modell" die Rede war.

Am 3. Mai 1965 schrieb der Bezirkssekretär der Beklagten an die Fa. B.

> „Ich bedaure, daß ich an den letzten Verhandlungen bezüglich der Beilegung der Streiksituation in ihrem Unternehmen nicht teilnehmen konnte. Wie mir mitgeteilt wurde, soll bei dem schwierigen Problem der Maßregelung eine Annäherung möglich sein, so daß als schwerwiegend noch die Frage der „Urlaubsgeldregelung" von Bedeutung ist.
>
> Ich habe Herrn L. gebeten, Ihnen die Vertragsregelung der Westdeutschen Kleiderwerke in Herne zu überreichen. Sie werden sich erinnern, daß Ihnen in der Verhandlung am 23. April 1965 von Herrn Sch. sowie mir diese Regelung als Vorschlag für eine Übereinkunft zwischen Ihnen und der GTB als Verhandlungsgrundlage angeboten wurde. Herr L. ist bevollmächtigt, auf dieser Ihnen am 23. April 1965 angebotenen Regelung weiterzuverhandeln."

Am 5. Mai 1965 hat die Beklagte in dem Verfahren 2 Ca 1302/65 ausdrücklich zu Protokoll erklärt:

> „Sie sei bereits am 23. April 1965 bereit gewesen, und sei auch heute noch bereit, mit der Fa. B. eine Vereinbarung zu treffen, die dem sog. Herner Modell entspreche; das bedeute, daß die Beklagte auf das sog. Benachteiligungsverbot gem. Entwurf verzichte und auf die Differenzierung gem. § 3 Abs. 1 Buchst. c, jedoch unter der Präambel wie sie im Herner Modell formuliert sei einschl. des Verzichtes auf Schadensersatzansprüche."

Als Folge der am 7. Mai 1965 gegen die Beklagte erlassenen Einstweiligen Verfügung hat die Beklagte am 10. Mai 1965 den Streik gegen die Firma B. abgebrochen.

Am 3. Juni 1965 hat die Beklagte erklärt, sie habe in der Berufungsbegründung zu 2 Ca 1302/65 vom 18. Mai 1965 ausdrücklich die Forderung auf Verzicht auf Schadensersatzansprüche fallen gelassen ...

Der Kläger zu 1) und die Klägerin zu 2), beantragen,

1. die Beklagte unter Androhung von Geld- und Haftstrafen in gesetzlich zulässiger Höhe für jeden Fall der Zuwiderhandlung zu verurteilen, es zu unterlassen, den gegen die Firma F. W. B. in Herford am 3. März 1965 eingeleiteten Streik fortzusetzen.

Der Kläger zu 1) beantragt weiterhin:

2. festzustellen, daß die Beklagte verpflichtet ist, an den Kläger denjenigen Betrag zu zahlen, der den Firmen B. und H. als Schaden durch den von der Beklagten gegen diese geführten Streik entstanden ist oder noch entstehen wird,

3. festzustellen, daß folgende von der Beklagten abgeschlossene Haustarifverträge betreffend die Zahlung eines zusätzlichen Urlaubsgeldes nichtig sind (folgt Aufzählung).

Die Beklagte widerspricht einer nach ihrer Ansicht durch Erweiterung des Antrages zu 3) erfolgten Klageänderung und beantragt, die Klage abzuweisen.

Die Beklagte behauptet, bereits am 15. Februar 1965 habe sie eine Satzung erstellt, die eine paritätische Verwaltung der Urlaubskasse vorgesehen habe. Wegen des Inhalts dieses Satzungsentwurfes wird auf den von der Beklagten im Termin am 3. Juni 1965 überreichten Text verwiesen.

In den Verhandlungen am 23./24. April 1965 mit der Klägerin zu 2) sei ausdrücklich eine Tarifregelung in dem Sinne angeboten worden, daß auf eine Staffelung des Urlaubsgeldes verzichtet und darüber erst nach Abschluß des Rechtsstreits verhandelt werden sollte. Auch gehe es keineswegs nur um das Urlaubsgeld, sondern auch um eine Arbeitszeitverkürzung und eine Lohnerhöhung.

Die Klägerin zu 2) sei zur Annahme eines Kompromisses durchaus bereit gewesen. Der Abschluß eines FTVes sei nur daran gescheitert, daß die Firma B. sich geweigert habe, fünf der streikenden Arbeitnehmer, von denen drei dem Betriebsrat angehören, nach Beendigung des Arbeitskampfes wieder einzustellen ...

Die Beklagte habe in den FTVen keine Ansprüche von Nichtorganisierten geregelt oder regeln wollen. Sie habe nur zur Kenntnis genommen, und keine Einwendungen dagegen erhoben, daß ein Teil des von ihr erstrittenen Geldbetrages auch an Nichtorganisierte ausgezahlt werden könne.

Sofern das in der überwiegenden Zahl der FTVe enthaltene Benachteiligungsverbot rechtswidrig sei, so könne daraus nicht gefolgert werden, daß die gesamten FTVe nichtig seien, denn hier sei anzunehmen, daß die FTVe auch ohne die fragliche Klausel geschlossen worden wären.

Eine Differenzierung in der Höhe des Urlaubsgeldes nach Zugehörigkeit zur Beklagten und Nichtzugehörigkeit verstoße nicht gegen das Gleichheitsprinzip noch gegen Art. 9 GG. Ein Differenzbetrag von ca. DM 5,— auf das Monatseinkommen könne kaum einen Anreiz bieten, sich bei der Beklagten zu koalieren, deren Beiträge zwischen DM 8,— und DM 12,— monatlich lägen. Geschweige werde durch eine solche Differenzierung ein Druck ausgeübt. Wegen des weiteren Vorbringens der Parteien wird auf den mündlich vorgetragenen Inhalt der vorbereitenden Schriftsätze Bezug genommen. Alle von den Parteien auch zur Ergänzung ihres Tatsachenvortrages überreichten Urkunden wurden zum Gegenstand der mündlichen Verhandlung gemacht.

Entscheidungsgründe:

I. A. ...

B. Soweit die Klägerin zu 2) den Antrag zu 1) gestellt hat, ist der Klage stattzugeben.

1. Die Klage auf Unterlassung ist zulässig, denn es besteht die Wiederholungsgefahr fort. Hierzu kann auf das zu A 1. Gesagte verwiesen werden. Die Beklagte hat gegenüber dem für die Klägerin zu 2) sprechenden Beweis des ersten Anscheins Gegentatsachen nicht vorgetragen.

2. Den Unterlassungsanspruch kann die Klägerin zu 2) auch trotz der Abtretung ihrer Schadensersatzansprüche geltend machen, denn dieser Anspruch ist, wie oben erörtert, nicht auf den Kläger zu 1) übergegangen.

3. Für die materiellrechtliche Entscheidung über diesen Antrag ist von ausschlaggebender Bedeutung, ob die Beklagte gegen die Klägerin zu 2) als Mitglied des Klägers zu 1) einen von der Rechtsordnung gebilligten oder einen rechtswidrigen Streik geführt und dadurch ein Recht im Sinne des § 823 Abs. I BGB verletzt.

a) Als sonstiges Recht im Sinne des § 823 Abs. I BGB ist auch das Recht am eingerichteten und ausgeübten Gewerbebetrieb anerkannt. Geschützt wird der Gewerbebetrieb in seinem Bestand und seinen wirtschaftlichen Ausstrahlungen. Deshalb genügt jede Beeinträchtigung der wirtschaftlichen und gewerblichen Betätigung des Unternehmers, die einen unmittelbaren, d. h. betriebsbezogenen Eingriff in den Bereich seines Gewerbebetriebes darstellt.

Nicht erforderlich ist ein Angriff unmittelbar auf den Bestand des Gewerbebetriebes (Hueck-Nipperdey, a.a.O., S. 636, BGHZ 23, 279/280; 23, 200; BAG NJW 1955/1373). Durch einen Streik erfolgt ein solcher unmittelbarer Eingriff, denn durch den Arbeitskampf soll die gewerbliche Tätigkeit des bestreikten Unternehmers wenigstens teilweise stillgelegt werden. Dafür, daß infolge eines Streiks ein Schaden droht, spricht der erste Anschein, denn Schadenszufügung ist das gewollte Druckmittel, das den Arbeitgeber geneigter machen soll, sich dem Kampfziel zu beugen (BAG 1 AZR 428/62 AP Nr. 32 Art. 9 GG Arbeitskampf Bl. 5, III, 2), denn es sollen dem Gegner die Subsistenzmittel genommen werden (Bötticher zu BAG 1 AZR 288/62 (AP, a.a.O. Nr. 24) in SAE 1963 S. 81 insbes. S. 84).

b) Deshalb ist bei Fortdauer der Schadenszufügung durch Fortsetzung des Streiks auch ein Anspruch auf Unterlassung gegeben, wenn der Streik rechtswidrig ist. Der gegen die Klägerin zu 2) geführte Streik dauert noch an.

a') Er ist nicht durch die von der Klägerin zu 2) erklärte Aussperrung beendet worden ...

b') Der gegen die Klägerin zu 2) geführte Streik ist auch nicht durch den Erlaß der Einstweiligen Verfügung und die sich daran anschließende Erklärung der Beklagten, der Streik sei beendet, zu Ende ...

c) Da der Streik grundsätzlich als rechtsordnungsmäßiges und zulässiges Mittel der Auseinandersetzung in Gesamtstreitigkeiten der kollektiven Sozialpartner anerkannt ist, auch wenn er tatbestandsmäßig den § 823 Abs. I BGB erfüllt, ist die entscheidende Frage, ob er rechtswidrig ist, denn nur bei Widerrechtlichkeit kann der Rechtsfriede gestört sein.

Der Streik steht solange nicht außerhalb der Rechtsordnung, als er die Spielregeln beachtet, die den Vorstellungen des kollektiven Arbeitsrechts entsprechen. Solange das der Fall ist, wird die Störung des Arbeitsfriedens durch die Rechtsordnung geduldet. Für die Frage, ob die Spielregeln beachtet sind, ist das Prinzip der sozialen Adäquanz entwickelt worden. Hierbei ist die Frage: Welche Anforderungen sind an ein Streikgeschehen, das grundsätzlich von der Rechtsordnung anerkannt ist, zu stellen, damit es unter dem Aspekt der Sozialadäquanz deliktisch noch gerechtfertigtes Handeln ist und damit mangels Rechtswidrigkeit nicht die Folge aus § 823 Abs. I BGB auslöst? Umgekehrt bedeutet nämlich ein sozial inadäquat geführter Streik, daß er rechtswidrig ist und damit den Tatbestand des § 823 Abs. I BGB erfüllt und die vollen Rechtsfolgen, die Schadenshaftung und, bei Fortsetzung, auch den Unterlassungsanspruch auslöst.

Dazu sind die folgenden Grundsätze entwickelt worden:

Kampfziel des Streiks muß die Gestaltung von Arbeitsbedingungen im weitesten Sinne sein. Das ist vorliegend der Fall.

Als Träger des Arbeitskampfes muß eine Gewerkschaft auftreten. Das ist ebenfalls gegeben.

Der Streik richtet sich auch gegen den sozialen Gegenspieler, denn sowohl der Kläger zu 1) als auch die Klägerin zu 2) kommen als Tarifvertragsparteien in Betracht.

Es muß sich um ein nach Kollektivrecht zu regelndes Ziel handeln. Ein Streik darf keine Ziele verfolgen, die den Grundsätzen des kollektiven Arbeitsrechts zuwiderlaufen (Hueck-Nipperdey, a.a.O., Bd. 2 S. 642; Nikisch, a.a.O., Bd. 2 S. 124). Hierzu rechnet ein Streik, mit dem Regelungen erkämpft werden sollen, die in einem Tarifvertrag deshalb nicht vereinbart werden können, weil sie seinem Wesen widersprechen (BAG AP Nr. 2 Art. 9 GG, Arbeitskampf; Nikisch, a.a.O., S. 125, Hueck-Nipperdey, a.a.O., S. 409, 650). Denn die Kampffreiheit kann keine Störung des Arbeitsfriedens rechtfertigen, die wegen Unerreichbarkeit des Zieles sinnlos wäre.

d) Da im vorliegenden Fall die Beklagte für den Abschluß des Firmentarifvertrages, den sie mit dem Streik nach dem der Klägerin zu 2) vorgelegten Entwurf erreichen wollte, eine Reihe von Forderungen anmeldete, die sich auf die Bildung einer Urlaubskasse, deren Verwaltung, die Ausschüttung von Beträgen aus dieser Kasse auch an Nichtorganisierte, die Differenzierung der weiteren auszuschüttenden Beträge nach bei der Beklagten Organisierten und anderen und ein „Benachteiligungsverbot" (besser: eine Tarifausschlußklausel) erstrecken, ist es zunächst fraglich, ob der Streik deshalb rechtswidrig sein kann, weil möglicherweise eines der erklärten Ziele wie z. B. die Gewährung des Urlaubsgeldes schlechthin zu einem echten Tarifvertrag führen kann. Diese Frage drängt sich auf Grund der Erklärung der Beklagten im Termin am 3. Juni 1965 umso mehr auf, als die Beklagte betonte, es sei bei dem Streik gegen die Klägerin zu 2) von Anfang an ja nicht nur um das Urlaubsgeld, sondern auch um Arbeitszeitverkürzung und Lohnerhöhung gegangen.

Der Annahme, daß ein erlaubtes oder mehrere erlaubte Ziele neben anderen unerlaubten Zielen den Streik dann insgesamt legitim erscheinen lassen, steht entgegen, daß der Arbeitgeber die Streikforderungen nur als Ganzes werten und demnach gegenüber der Streikdrohung sich schlüssig werden muß, ob er die Bedingungen annehmen soll oder nicht. Die ultimative Natur der Streikdrohung und des Streikes selbst stellen es einer Firma nicht frei, das eine oder das andere Streikziel anzunehmen oder abzulehnen. Die

Gegenauffassung würde dazu führen, daß jedes auch noch so verbotene Ziel in den Streik einbezogen werden könnte, wenn daneben auch nur e i n erlaubtes Ziel verfolgt würde (vgl. BAG 1 AZR 493/54 vom 4. Mai 1955). Ob das auch gilt, wenn das unerlaubte Ziel nur einen Nebenpunkt betrifft, kann dahinstehen, denn noch im Termin am 22. April 1965 hat nach Kenntnis des Gerichts die Beklagte erklären lassen, das Hauptziel des gegen die Klägerin zu 2) gerichteten Streiks sei die Zahlung eines u. a. nach Gewerkschaftszugehörigkeit oder Nichtzugehörigkeit gestaffelten Urlaubsgeldes und das Verbot an die Klägerin zu 2) und den Kläger zu 1), diese Differenzierung durch freiwillige Leistungen, Einzelarbeitsvertrag oder Betriebsvereinbarung aufzuheben.

Von diesem ausdrücklich erklärten Hauptziel ist die Beklagte eindeutig und auf Vorhalt durch das Gericht erst im Termin am 5. Mai 1965 abgegangen . . .

e) Es kann zwar durch TV vereinbart werden, daß ein bestimmter neu zu gewährender Lohnanteil von dem Arbeitgeber an eine durch die TVPartner gebildete Kasse abgeführt wird und daß diese Kasse das alleinige unmittelbare Forderungsrecht hinsichtlich dieses Lohnanteils hat (BAG AP Nr. 1 zu § 4 TVG, Ausgleichskasse). An der Rechtsgültigkeit einer solchen TVvereinbarung ist nicht zu zweifeln.

Diese Kasse ist eine gemeinsame Einrichtung im Sinne von § 4 II TVG und muß deshalb gemeinsam verwaltet werden. Eine solche gemeinsame Verwaltung ist in dem FirmenTVEntwurf, wie er der Klägerin zu 2) vorgelegt worden ist, nicht enthalten, denn der Entwurf sieht die Verwaltung durch zwei Treuhänder vor, die beide von der Beklagten bestellt werden.

f) Die Einrichtung einer solchen gemeinsamen Einrichtung durch TV bindet unmittelbar und zwingend die beiderseits Tarifgebundenen (§ 4 II TVG). Sie bindet aber auch nur die beiderseits Tarifgebundenen. Die Mitgliedschaft nur des Arbeitgebers zu einem Arbeitgeber-Verband oder die Tatsache, daß der Arbeitgeber selbst TVPartei ist, reicht nicht aus. Es handelt sich nicht um eine Rechtsnorm des TV über betriebliche oder betriebsverfassungsrechtliche Fragen im Sinne von § 3 II TVG, sondern um Inhaltsnormen, die die einzelnen Arbeitsverhältnisse beherrschen, denn es wird durch TV über einen Teil des Lohnes in der Weise verfügt, daß nur die gemeinsame Einrichtung ein Forderungsrecht und gegenüber dieser gemeinsamen Einrichtung die tarifgebundenen Arbeitnehmer ihrerseits unter bestimmten Voraussetzungen und nach einem bestimmten Schlüssel ein Auszahlungsrecht haben.

Eine nach § 4 II TVG gestaltete gemeinsame Einrichtung der TVParteien und die über die Regelung der gemeinsamen Einrichtung getroffenen

Tarifnormen können nicht auf Außenseiter, d. h. Nicht- oder anders Organisierte ausgedehnt werden. Das aber beabsichtigt die Beklagte durch die Auszahlung eines Grundbetrages an „alle“ gewerblichen Arbeitnehmer unter weiterer Aufteilung des Restbetrages u. a. auf Mitglieder der Beklagten. Daraus folgt, daß mit „allen“ gewerblichen Arbeitnehmern die Gesamtheit der gewerblichen Arbeitnehmer, die bei der Klägerin zu 2) beschäftigt sind, gemeint ist. Hierzu zählen auch diejenigen, die nicht bei der Beklagten, also entweder überhaupt nicht oder anderweitig organisiert sind.

Das BAG hat die Ausdehnung einer gemeinsamen Einrichtung der Tarifpartner und die über die Regelung der gemeinsamen Einrichtungen getroffenen Tarifnormen auch auf Außenseiter nur für den Fall bejaht, daß eine Allgemeinverbindlichkeitserklärung (AVE) erfolgt und selbst diesen Weg für bedenklich gehalten, wenn die gemeinsame Einrichtung in ihren Leistungen einen Unterschied zwischen den kraft Mitgliedschaft und den kraft AVE tarifgebundenen Arbeitnehmern machen würde (BAG AP Nr. 1 zu § 4 TVG, Ausgleichskasse, Bl. 3).

Im vorliegenden Fall aber sieht die Ausschüttung von Beträgen durch die gemeinsame Einrichtung bereits eine Differenzierung zwischen den kraft Mitgliedschaft zur Beklagten und den überhaupt nicht Tarifgebundenen vor. Darüber hinaus aber will die Beklagte, wie sich aus dem sog. Benachteiligungsverbot ergibt, unter allen Umständen eine echte Allgemeinverbindlichkeitserklärung vermeiden.

In der Literatur (Hueck-Nipperdey, a.a.O., S. 190/191, S. 335; Hueck-Nipperdey-Tophoven, TVG, Anm. 28 zu § 5) wird die Ausdehnung auf Außenseiter selbst über die AVE abgelehnt, weil damit eine unzulässige, der Koalitionsfreiheit widersprechende Zwangsmitgliedschaft an der gemeinsamen Einrichtung geschaffen würde. Das BAG hat zuletzt in seinem Sinne unverändert zu dieser Frage noch einmal in seiner Entscheidung 4 AZR 385/63 vom 3. Februar 1965 (AuR 1965 S. 119) Stellung genommen.

Demnach können also Leistungen an und Ausschüttungen aus einer gemeinsamen Einrichtung nach der Literatur selbst dann nicht, wenn der TV für allgemeinverbindlich erklärt ist, und nach dem BAG nur dann, wenn er für allgemeinverbindlich erklärt wurde, auf Außenseiter ausgedehnt werden. Nach dem Firmentarifvertragsentwurf der Beklagten aber strebt sie sowohl die Ausdehnung auf Außenseiter an, als auch unterschiedliche Leistungen an die kraft Mitgliedschaft und an die nur durch Absprache zwischen den Tarifvertragsparteien Begünstigten (§ 3 Ziff. 1 a und c) an. Damit will die Beklagte selbst den Maßstab festlegen, inwieweit ihr Tarifvertrag auch für nicht bei ihr Organisierte gelte. Das folgt auch aus der im § 4 des Entwurfs enthaltenen Tarifausschlußklausel.

g) Hier ergeben sich auch tarifrechtliche Bedenken, denn nach dem Wortlaut der Tarifausschlußklausel wäre bereits ein Antrag auf Allgemeinverbindlichkeitserklärung seitens des Arbeitgebers ein Verstoß gegen die durch den Tarifvertrag übernommenen Pflichten.

h) Die von der Beklagten angestrebte Regelung, ein Mehrbetrag solle nur an Mitglieder der Beklagten ausgezahlt werden, verstößt gegen die positive Koalitionsfreiheit. Denn damit ist einem Arbeitnehmer, der an der erhöhten Ausschüttung teilnehmen will, die freie Wahl einer Gewerkschaft, wie sie Art. 9 I GG ausdrücklich schützt, unmöglich gemacht.

Das gilt auch, wenn es sich bei dem Mehrbetrag, der den bei der Beklagten Organisierten zusätzlich zufließen soll, nur um ca. DM 60,— pro Jahr handeln sollte. Entscheidend ist nämlich die grundsätzliche Frage, ob durch Tarifvertrag ausdrücklich vereinbart werden kann, Leistungen an Organisierte und nicht bei dem Tarifpartner Organisierte zu differenzieren, wenn der Tarifvertrag ohnehin nur für die beiderseits Tarifgebundenen gilt. Die Höhe der tatsächlichen Differenz in der Leistung ist nicht erheblich. Das erklärt sich schon aus der Argumentation der Beklagten, sie habe mit diesem Versuch einen epochemachenden Schritt in der Tarifpolitik eingeleitet.

i) Diese angestrebte Regelung verstößt auch gegen die negative Koalitionsfreiheit, die das BAG noch in seiner bereits zitierten Entscheidung vom 3. Februar 1965 (AuR 1965 S. 119) ausdrücklich als durch das GG geschützt bestätigte, denn dem einzelnen Arbeitnehmer ist es, will er an der Ausschüttung des Mehrbetrages teilnehmen, unmöglich gemacht, den Entschluß zu fassen, jeder Gewerkschaft fernzubleiben oder bei der Beklagten auszutreten.

k) Schließlich verstößt insbesondere die Tarifausschlußklausel gegen die bestehende Rechtsordnung. Zwar wird in der Literatur die Meinung vertreten, Tarifausschlußklauseln, die dem tarifunterworfenen Arbeitgeber untersagen, den nicht oder anders organisierten Arbeitnehmern tarifliche Arbeitsbedingungen oder bestimmte tarifvertragliche Vergünstigungen zu gewähren, seien außer Übung gekommen, weil derartige Vereinbarungen von den Gewerkschaften in einer Zeit angestrebt wurden, in der sie noch schwer um ihre Anerkennung ringen mußten (Nikisch, a.a.O., S. 37); das scheint jedoch nicht zuzutreffen. Eine solche Tarifausschlußklausel ist nach überwiegender Meinung ein Verstoß gegen die Koalitionsfreiheit, denn sie behindert die Arbeitnehmer in der Entscheidung, wie und ob sie sich koalieren wollen (Hueck-Nipperdey, a.a.O., S. 122, Lehna, DB 1959, S. 916, Dieckhoff, DB 1959, S. 1141).

Damit ist der Streik, den die Beklagte gegen die Klägerin zu 2) eingeleitet hat, gem. Art. 9 GG rechtswidrig, denn er zielt auf den Abschluß eines Tarifvertrages, durch den die Koalitionsfreiheit verletzt werden würde.

Diese Rechtswidrigkeit ist nicht dadurch aufgehoben, daß die Beklagte am 5. Mai 1965 in einem Rechtsstreit zu Protokoll erklärt hat, sie sei bereits von dem Verlangen auf Vereinbarung eines sog. „Benachteiligungsverbotes" ausdrücklich abgewichen, sie sei auch bereit gewesen und jetzt noch bereit, von der Differenzierung abzuweichen. Diese allgemeine Erklärung ist keine neue, klargefaßte Formulierung der nunmehr noch verfolgten Streikziele.

Es mag hier weiterhin unterstellt werden, daß bereits am 23. oder 24. April 1965 die örtliche Gewerkschaftsleitung eine ähnliche Erklärung der Klägerin zu 2) gegenüber abgegeben hat. Bis zum 5. Mai 1965 lag aber der Klägerin zu 2) noch kein Entwurf des nunmehr zur Streikforderung erhobenen „Herner Modells" vor ...

4. Dieser rechtswidrige Streik ist von der Beklagten auch schuldhaft geführt, denn sie kann sich zum Ausschluß ihres Verschuldens nicht darauf berufen, daß sie die Rechtslage unrichtig beurteilt habe. Ein solcher Rechtsirrtum ist in der Regel vermeidbar. Pflicht der Beklagten wäre es gewesen, „im Hinblick auf die Folgen des Streiks sorgfältig zu prüfen, ob ihr Verhalten mit der Rechtsordnung vereinbar ist. Eine sorgfältige Prüfung in dieser Hinsicht setzt ein Abwägen des Für und Wider voraus. Wer einen Arbeitskampf entfesselt, muß damit rechnen, daß die von ihm vertretene Rechtsauffassung nicht zutrifft. Wird er gleichwohl aktiv, muß er das Risiko tragen (Leitsatz Nr. 13 in BAG 1 AZR 632/57 vom 31. Oktober 1958, AP Nr. 2 § 1 TVG Friedenspflicht)".

5. Die Beklagte hat kein Recht, den Streik, der, wie erörtert, nicht als beendet angesehen werden kann, fortzuführen, sie hat im Gegenteil die Verpflichtung dafür zu sorgen, daß der rechtswidrige Streik nicht geführt wird. Diese Auffassung ist keine unzulässige Einschränkung des gesetzlich gewährleisteten Streikrechts, sondern es wird lediglich verhindert, daß das Streikrecht auf Gebiete ausgedehnt wird, auf denen für ein Streikrecht kein Raum ist, weil das angestrebte Ziel gegen das Grundgesetz verstößt.

II. A. Dem Antrag zu 2) des Klägers zu 1) ist stattzugeben. Der Kläger zu 1) ist hinsichtlich dieses Antrages aktiv legitimiert.

Soweit ein Streik eine unerlaubte Handlung darstellt, ist der dadurch in seinen Rechtsgütern Verletzte zur Forderung von Schadensersatz berechtigt. Das gilt für den Kläger zu 1) als Arbeitgeberverband wie für die Klägerin zu 2) und die Firma H. Der Kläger zu 1) kann hier die Ersatzansprüche seiner Mitglieder verfolgen, wenn sie ihm abgetreten worden sind ...

III. A. Soweit die Beklagte in der Erweiterung des Klageantrages zu 3) auf die Firmentarifverträge mit anderen Firmen als der Fa. H. eine Klageänderung sieht, erachtet das Gericht sie für sachdienlich.

B. Der Kläger zu 1) hat an der mit dem Antrag zu 3) begehrten Feststellung ein rechtliches Interesse. Zwar sind die Firmentarifverträge nicht zwischen dem Kläger zu 1) und der Beklagten geschlossen. Aber das Recht, klageweise die Feststellung der Nichtigkeit eines Vertrages zu verlangen, ist nicht nur auf die Vertragspartner beschränkt. Vielmehr kann auch ein Rechtsverhältnis zwischen der Beklagten und Dritten zum Gegenstand einer Feststellungsklage gemacht werden. Das setzt aber voraus, daß die Wirksamkeit oder Unwirksamkeit dieses Vertrages auf die Rechtslage des Klägers, wenn auch nur mittelbar, Einfluß hat und dem Recht oder der Rechtslage des Klägers eine Gefahr der Unsicherheit droht (BGH LM Nr. 25, 34 und 59 zu § 256; Baumbach-Lauterbach, Anm. 3 B zu § 256 ZPO). Diese Voraussetzung liegt hier vor.

Die zwischen der Beklagten und den Mitgliedsfirmen des Klägers abgeschlossenen Firmentarifverträge haben auf die rechtlichen Verhältnisse des Klägers Auswirkungen, denn die Firmentarifverträge sollen nach den in ihnen enthaltenen Klauseln entweder außer Kraft treten, „sobald eine Vereinbarung auf regionalem Gebiet erfolgt" (Ziff. 6 Abs. II FTV R. & Sohn) oder aber es sollen die Urlaubskonten zusammengeführt werden, „sofern in anderen Betrieben die gleichen oder ähnliche Vereinbarungen zustandekommen" (übrige FTVe). Damit ist eine gemeinsame Einrichtung im Sinne von § 4 II TVG gewollt, die über den Wirkungsbereich des Firmentarifpartners hinausgehen sollte. Tarifpartner einer solchen gemeinsamen Einrichtung kann dann aber auf Arbeitgeberseite nur der Kläger als Vereinigung der Arbeitgeber sein, der sämtliche betroffenen Unternehmer angehören. Die Firmen haben sich also schuldrechtlich verpflichtet, einer gemeinsamen Einrichtung beizutreten, über die als Tarifvertragspartner nur der Kläger zu 1) Tarifvereinbarungen mit der Beklagten schließen kann.

C. Der Kläger hat auch ein Interesse an der alsbaldigen Feststellung, weil er sein Verhalten in den Tarifverhandlungen auf Verbandsebene mit der Beklagten auf die Feststellung einrichten will, ob die Firmentarifverträge mit dem gewählten Inhalt zulässig oder unzulässig sind.

D. Die Firmentarifverträge (folgt Aufzählung) sind nichtig, weil in ihnen einheitlich eine Ausdehnung auf Außenseiter und eine Differenzierung der Höhe der auszuschüttenden Beträge nach Zugehörigkeit zur Beklagten und Nichtzugehörigkeit enthalten ist, die nach dem zu dem Antrag zu 1) Gesagten gem. Art. 9 GG unzulässig ist.

Da sich die Nichtigkeit der Verträge bereits aus dieser einen Vereinbarung ergibt, kann die unterschiedliche Regelung der Verwaltung des Sonderkontos und die unterschiedliche Formulierung des Benachteiligungsverbotes unerörtert bleiben ..."

Anhang IV

Entscheidung des Landesarbeitsgerichtes Düsseldorf vom 1. 9. 1965

In dem Rechtsstreit (usw. wie Anhang III) hat das Landesarbeitsgericht in Düsseldorf — 6. Kammer — für Recht erkannt:

1. Auf die Berufung der Beklagten wird das Urteil des Arbeitsgerichts Düsseldorf vom 9. Juni 1965 teilweise abgeändert: Die Klage wird als unzulässig abgewiesen, soweit der Kläger zu 1) die Feststellung beantragt, daß folgende von der Beklagten abgeschlossene Firmentarifverträge betreffend die Zahlung eines zusätzlichen Urlaubsgeldes nichtig sind (folgt Aufzählung).

2. Im übrigen wird die Berufung zurückgewiesen ...

I. ...*

II. Mit der vorliegenden Klage haben im ersten Rechtszuge beide Kläger mit dem Klageantrag zu 1) von der Beklagten verlangt, die Fortsetzung des gegen die Klägerin zu 2) am 5. März 1965 eingeleiteten Streiks zu unterlassen. Der Kläger zu 1) hat ferner mit dem Klageantrag zu 2) die Feststellung begehrt, daß die Beklagte verpflichtet sei, an ihn Schadenersatz für den der Klägerin zu 2) und der Firma H. in K. aus Anlaß des Streiks entstandenen und noch entstehenden Schadens zu leisten. Ferner hat der Kläger zu 1) mit dem Klageantrag zu 3) die Feststellung begehrt, daß die von der Beklagten in seinem Verbandsbereich abgeschlossenen neun Firmentarifverträge über seine Urlaubsgeldregelung nichtig seien.

Die Kläger haben die Meinung vertreten, der Streik bei der Klägerin zu 2) und bei der Firma H. sei rechtswidrig gewesen, weil er um nicht erstreikbare Ziele geführt worden sei. Der Kläger zu 1) hat daraus — jeden Entschuldigungsgrund für die beteiligten Funktionäre der Beklagten verneinend — die Verpflichtung der Beklagten zum Ersatz der diesen beiden Firmen entstandenen Streikschäden gefolgert. Der Kläger zu 1) hat schließlich geltend gemacht, die erwähnten Haustarifverträge der Beklagten mit einigen seiner Mitglieder seien nichtig, weil die Tarifvertragsparteien in diesen Tarifverträgen die „Grenzen der Tarifmacht" überschritten hätten.

---

* Vgl. den Tatbestand oben S. 116 ff.

Er hat unter Hinweis auf die tatsächliche tarifpolitische Lage — Qualifizierung dieser Haustarifverträge als „Modell" für den von ihm seitens der Beklagten geforderten Verbandstarifvertrag — ein mindestens mittelbares rechtliches Interesse an der gerichtlichen Feststellung der Nichtigkeit dieser Tarifverträge für sich als Arbeitgeberverband in Anspruch genommen.

Zu all diesen Klagepunkten haben die Kläger umfangreiche Rechtsaufführungen gemacht.

Der Kläger zu 1) und die Klägerin zu 2) haben beantragt . . .**

Die Beklagte hat beantragt, die Klageanträge abzuweisen.

Sie hat in Abrede gestellt, daß sie mit dem Streik rechtswidrige Ziele verfolgt habe.

Hierzu hat sie unter Berufung auf Stellen in der arbeitsrechtlichen Literatur ausgeführt:

Die „Benachteiligungsklausel" habe lediglich verhindern sollen, daß der Arbeitgeber durch gezielte übertarifliche Zulagen die Differenzierung des Tarifvertrages beseitige. Zwar komme die gesamte Tarifregelung einer allgemeinen Tarifausschlußklausel sehr nahe, jedoch müsse sie als schuldrechtlich wirkende „Spannungsklausel" zwischen dem Urlaubsgeld der organisierten und nichtorganisierten Arbeitnehmer verstanden werden. Es müsse den Tarifvertragsparteien gestattet sein, den Grundsatz der Beschränkung der Tarifwirkung auf Organisierte durch schuldrechtliche Vereinbarungen im Tarifvertrag näher zu substantiieren.

Sie hat auch die Auffassung vertreten, der Streik sei zumindest ab 23./24. März 1965 — mit dem Fallenlassen der Forderung nach einem differenzierten Urlaubsgeld — als rechtmäßig anzusehen. Der in dem dann angebotenen „Herner Modell" mitenthaltenen Schadenersatzverzicht könne schuldrechtlich in einem TV vereinbart werden, so daß sie mit dieser Forderung eine echte und erstreikbare Tarifforderung erhoben habe . . .

Sie hat ferner den Klageantrag zu 2) für unzulässig erklärt, da der bereits entstandene Schaden spezifiziert und im Wege einer Leistungsklage geltend gemacht werden könne.

Auch hat sie darauf hingewiesen, daß der Kläger zu 1. nach ihrer Meinung einen etwaigen Schadenersatzanspruch der Firma H. nicht mehr geltend machen könne . . .

Die Beklagte hat außerdem bezweifelt, daß die bei der Firma B. entstandenen Streikschäden vom Zeitpunkt der Aussperrung an noch adäquate Streikfolgen gewesen seien. Schließlich hat die Beklagte sich auf einen ent-

** Vgl. die Anträge oben S. 119.

schuldbaren Rechtsirrtum berufen. Hierzu hat sie ausgeführt, namhafte Rechtslehrer hielten eine Tarifausschlußklausel für zulässig. Einer Gewerkschaft, die sich auf diese Rechtsauffassung verlasse, könne kein Schuldvorwurf gemacht werden.

Zu dem Klageantrag zu 3) hat die Beklagte ein rechtliches Interesse des Klägers zu 1) an der begehrten Feststellung in Abrede gestellt. Nach ihrer Ansicht besteht lediglich ein verbandspolitisches Interesse des Klägers zu 1).

III. Das Arbeitsgericht Düsseldorf hat mit Urteil vom 9. Juni 1965 die Klage des Klägers zu 1) hinsichtlich des Unterlassungsanspruchs abgewiesen, im übrigen aber nach den Klageanträgen erkannt. Auf die umfangreichen Entscheidungsgründe dieses Urteils wird bezug genommen ...

Entscheidungsgründe:

Die Berufung ist nach dem in dem angefochtenen Urteil festgesetzten Werte des Streitgegenstandes an sich statthaft und auch form- und fristgemäß eingelegt und begründet worden. Im besonderen ist es nach § 11 II ArbGG als zulässig zu erachten, daß der Hauptvorstand der beklagten Gewerkschaft den an sich anderweitig angestellten Assessor Dr. F. ermächtigte, die beklagte Gewerkschaft in diesem Rechtsstreit zu vertreten.

Die Berufung hatte jedoch nur hinsichtlich des Feststellungsantrages zu 3. den von der Berufungsklägerin erstrebten Erfolg. Im übrigen war sie als unbegründet zurückzuweisen.

I. Der Firma B. (Klägerin zu 2.) steht zu Recht ein Anspruch gegen die Beklagte auf Unterlassung des gegen sie am 5. März 1965 begonnenen Streiks zu, da dieser einen objektiv widerrechtlichen Eingriff in ihr Recht am eingerichteten und ausgeübten Gewerbebetrieb darstellte und die Gefahr der Wiederaufnahme fortbesteht (§§ 823 I, 249 BGB). Der von der Beklagten veranlaßte Streik bei der Firma B. war rechtswidrig, weil die Beklagte mit ihm Ziele durchzusetzen suchte, die nicht Gegenstand eines sozialadäquaten Streiks sein können. Sozialinadäquat ist nach allgemein herrschender Ansicht jeder Streik, der den Grundprinzipien des kollektiven Arbeitsrechts und den Grundsätzen des freiheitlichen und sozialen Rechtsstaates nicht gerecht wird. Hierzu zählt vor allem auch ein Streik, mit dem ein gegen diese Grundsätze verstoßendes Ziel verfolgt wird (Hueck-Nipperdey, Grundriß [2. Auflage 1962] 262 ff.; Nikisch, Arbeitsrecht, II. Band [2. Auflage 1959] 111 ff.).

Indem die Beklagte zunächst nicht nur die Durchsetzung von Arbeitsbedingungen im weitesten Sinne — wie die Urlaubsgeldregelung —, sondern gleichzeitig das in § 4 des Tarifvertragsentwurfs enthaltene „Benachteiligungsverbot" verwirklichen wollte, erstrebte sie mit diesem Streik von dessen Beginn an eine Tarifvereinbarung, die mit den allgemeinen Rechtsgrundsätzen nicht zu vereinbaren ist.

Die Beklagte hat selbst hinsichtlich des sogenannten „Benachteiligungsverbotes" eingeräumt, daß dieses einer Tarifausschlußklausel nahe komme. Sie geht aber fehl in der Annahme, wenn sie in dieser von ihr beabsichtigten Regelung lediglich eine allgemeine Tarifausschlußklausel sehen will. Vielmehr hat § 4 des genannten Entwurfes eine sogenannte beschränkte Tarifausschlußklausel zum Inhalt. Darin wird nämlich nicht nur die Gleichstellung der Nichtorganisierten, sondern auch die Gleichstellung anders Organisierter mit den Mitgliedern der Beklagten ausdrücklich und unumgehbar untersagt.

Jede auf die Verwirklichung einer beschränkten Tarifausschlußklausel gerichtete Maßnahme ist aber gemäß Art. 9 III S. 2 GG rechtswidrig, da die Vereinbarung einer beschränkten Tarifausschlußkausel eine Verletzung der in Artikel 9 GG garantierten positiven Koalitionsfreiheit zum Gegenstand hat (Nipperdey in Hueck-Nipperdey II 122 f.).

Der Hinweis der Beklagten, § 4 ihres Tarifvertragsentwurfs betreffe nicht Leistungen des Arbeitgebers, die dieser auf Grund einer Tarifvereinbarung mit einer anderen Gewerkschaft deren Mitgliedern zukommen lasse, trifft auf den von der Firma B. geforderten Tarifvertrag nicht zu. In dem dieser Firma nach der unbestritten gebliebenen Behauptung der Klägerin zu 2. vorgelegten Tarifvertragsentwurfs war die Verpflichtung der Beklagten, Vorteile, die sie nicht bei der Beklagten organisierten Arbeitnehmern über diesen Tarifvertrag hinaus gewährte, in gleicher Art und Weise auch den bei der Beklagten organisierten Arbeitnehmern zukommen zu lassen, ohne jede Einschränkung enthalten.

Ob es in dem Betrieb der Klägerin überhaupt andersorganisierte Arbeitnehmer gab, ist für diesen Rechtsstreit unerheblich. Denn es konnten jederzeit bei einer anderen Gewerkschaft organisierte Arbeitnehmer eingestellt werden, die dann in der geschilderten Weise benachteiligt worden wären.

Dieser Nachteil ist auch geeignet, die freie Wahl des einzelnen Arbeitnehmers, sich einer beliebigen Gewerkschaft anzuschließen, zu beeinträchtigen.

Für die Beeinflussung der freien Wahl des Arbeitnehmers ist es nicht allein von Bedeutung, um wieviel höher das an die Mitglieder der Beklagten zu zahlende Urlaubsgeld tatsächlich sein wird. Entscheidend ist vielmehr der Umstand, daß nur den Mitgliedern der Beklagten ein vom Arbeitgeber aufrechtzuerhaltender Vorteil in Form eines zusätzlich gewährten Rechtsanspruchs zusteht.

Will der einzelne nicht- oder andersorganisierte Arbeitnehmer aber in den Genuß des zusätzlichen Tarifanspruchs kommen, so ist er praktisch gezwungen, der beklagten Gewerkschaft beizutreten bzw. aus seiner Gewerkschaft aus- und in die beklagte Gewerkschaft einzutreten.

Wenn die Beklagte, wie sie vorträgt, die Absicht hat, ihren Mitgliedern mit der Urlaubsgeldregelung Vorteile zu verschaffen, so verfolgt sie zwar ein durchaus verständliches Ziel. Es ist auch nicht zu verkennen, daß die Tarifausschlußklausel, ganz allgemein gesehen, geeignet ist, Ansprüche aus dem Tarifvertrag für den tarifgebundenen Arbeitnehmer aufzuwerten und gleichzeitig in wirksamer Form für den Beitritt zur Koalition zu werben. Die Bestrebungen der Beklagten in dieser Richtung können aber nur in den vom geltenden Recht gesetzten Grenzen unternommen werden. Diese Grenze wird überschritten, sobald die ergriffenen Maßnahmen und getroffenen Vereinbarungen zugunsten der Verbandsmitglieder die Rechte Dritter — in diesem Fall die positive Koalitionsfreiheit der in dem Betrieb der Klägerin beschäftigten Arbeitnehmer — verletzen.

II. Es kann unerörtert bleiben, ob über die in § 4 des Entwurfes enthaltene beschränkte Tarifausschlußklausel hinaus weitere Forderungen der Beklagten aus diesem Entwurf — wie die Urlaubsgelddifferenzierung an sich, die unparitätische Verwaltung des Treuhandkontos oder die Einbeziehung von Außenseitern — zulässig gewesen sind. Denn soweit auch nur eine unzulässige Forderung Schwerpunkt des durchgeführten Streiks ist, muß der Streik als solcher als rechtswidrig angesehen werden. Insoweit gibt nämlich dieses unzulässige Streikziel dem gesamten Streikgeschehen sein entscheidendes Gepräge.

Die Beklagte hat in diesem Rechtsstreit nicht bestritten, daß die Urlaubsgeldregelung einschließlich des „Benachteiligungsverbotes" im Sinne des Entwurfes zumindest zu Beginn des Streiks für sie die eigentliche Streikforderung gewesen ist. Dies ergibt sich im übrigen aus dem der Firma B. vorgelegten Tarifentwurf und dem Schreiben der Beklagten an die Firma B. vom 19. Februar 1965.

III. . . .

Die Beklagte hat gemäß § 31 BGB für die den genannten Firmen entstandenen Schäden aufzukommen, da diese Schäden durch ein schuldhaftes Verhalten ihrer zuständigen Gewerkschaftsfunktionäre verursacht worden sind.

Ein entschuldbarer Rechtsirrtum — auf den sich die Beklagte berufen hat — liegt auf seiten der für den Streik verantwortlichen Personen nicht vor.

Zwar schließt der Irrtum der Gewerkschaftsfunktionäre über die Recht- oder Unrechtmäßigkeit ihres Verhaltens den Vorwurf einer vorsätzlichen rechtswidrigen Schadenszufügung aus. Nicht jedoch sind sie von dem Vorwurf einer fahrlässigen Handlungsweise freizusprechen, wenn sie bei der Anwendung eines Arbeitskampfmittels hinsichtlich seiner Rechtmäßigkeit nicht die im Verkehr erforderliche Sorgfalt walten lassen (§ 276 BGB). Ihnen muß vorgeworfen werden, daß sie sich als maßgebliche Persönlichkeiten vor dem Einschlagen eines Weges in „tarifliches Neuland" in der einschlägigen arbeitsrechtlichen Literatur nicht informiert haben. Sonst wären ihnen die allgemein herrschende Meinung, daß ein Streik nur um Arbeitsbedingungen im weitesten Sinne geführt werden darf, und im besonderen die nicht unmaßgebliche Meinung von Nipperdey und Nikisch (Nipperdey in Hueck-Nipperdey, Lehrbuch a.a.O. 122 f.; Nikisch a.a.O. 111 ff.), daß Tarifausschlußklauseln, die auch Andersorganisierte benachteiligen, nichtig sind, nicht verborgen geblieben.

Die Beklagte hat auch den der Firma B. entstandenen Schaden für die gesamte Dauer des Streiks, d. h. von seiner Einleitung bis zu seinem Abbruch, zu ersetzen. Trotz der am 29. März 1965 erklärten lösenden Aussperrung durch die Firma B. ist nämlich auch der nach diesem Zeitpunkt entstandene Schaden eine adäquate Folge des von der Beklagten geführten Streiks.

Die Aussperrung ist insoweit nicht, wie die Beklagte meint, eine sogenannte Reserveursache im Sinne der überholenden Kausalität. Denn die Aussperrung wäre nicht „ohnehin" erfolgt; vielmehr war sie allein die Beantwortung des von der Beklagten ausgerufenen Streiks. Es liegt auch nicht außerhalb aller Wahrscheinlichkeit, wenn nach der Einleitung eines Arbeitskampfes der Gegner zu Abwehrmaßnahmen greift, vielmehr muß jede Partei, die einen Arbeitskampf einleitet, mit einer Abwehrmaßnahme und den sich hieraus ergebenden Folgen rechnen ...

IV. Der Antrag des klagenden Verbandes, die Nichtigkeit der von neun seiner Mitglieder mit der Beklagten abgeschlossenen Haustarifverträge festzustellen, war — entgegen der von dem Arbeitsgericht vertretenen Ansicht — als unzulässig abzuweisen (§ 256 ZPO).

Ein eigenes rechtliches Interesse des klagenden Verbandes an der begehrten Feststellung liegt nach Auffassung der erkennenden Kammer nicht vor.

Für das Vorliegen eines Feststellungsinteresses im Sinne des § 256 ZPO ist zwar nicht unbedingt erforderlich, daß über ein zwischen den Prozeßparteien bestehendes Rechtsverhältnis entschieden werden soll (Stein-Jonas zu § 256 ZPO, Anm. II, 3.). Voraussetzung ist dagegen immer, daß ein — wenn auch nur mittelbares — rechtliches Interesse des Klägers an der Feststellung besteht. Dieses rechtliche Interesse ist dann gegeben, wenn die beantragte Feststellung für die Rechte und Pflichten der Prozeßparteien im Verhältnis zueinander von erheblichem Einfluß ist bzw. durch das Bestehen oder Nichtbestehen eines Rechtsverhältnisses nicht nur die Interessen des Klägers, sondern gerade seine Rechtsbeziehung zu dem Prozeßgegner berührt und beeinflußt werden (so in RAGE 1, 325; RAGE 12, 24 mit Nachweisen).

Dies war im vorliegenden Fall zu verneinen. Die Rechtsbeziehungen der Parteien zueinander würden unverändert bleiben, ohne Rücksicht darauf, ob die von dem klagenden Verband beantragte Feststellung getroffen würde oder nicht. Denn dieses Feststellungsurteil wäre für etwaige Streitigkeiten aus den beanstandeten Tarifverträgen ohne rechtliche Bedeutung. Es würde gemäß § 322 ZPO nur zwischen den Parteien dieses Rechtsstreits, nicht aber im Verhältnis der beklagten Gewerkschaft zu den an den einzelnen Tarifverträgen als Tarifvertragspartei beteiligten Firmen seine Rechtskraft entfalten.

Ein Fall des § 8 TVG, bei dem eine Bindung tarifgebundener Parteien an rechtskräftige Entscheidungen der Arbeitsgerichte eintritt, liegt hier nicht vor; denn die Parteien dieses Rechtsstreits stehen sich nicht als Tarifvertragsparteien der beanstandeten Tarifverträge gegenüber.

Das von dem klagenden Verband geltend gemachte Interesse ist lediglich ein verbandspolitisches. Die von ihm begehrte Feststellung wäre mangels einer zu beeinflussenden Rechtsbeziehung zwischen ihm und der Beklagten lediglich ein in Urteilsform gekleidetes Rechtsgutachten über die Richtigkeit seines in Verhandlungen mit der Beklagten eingenommenen Rechtsstandpunktes. Es wäre ausschließlich für die verbands- und tarifpolitischen Entschlüsse des Klägers von Bedeutung. Zur Erstattung eines derartigen Gutachtens sind auch die Gerichte für Arbeitssachen nicht berufen.

Es ist dem klagenden Verband zuzugeben, daß die vorliegenden Firmentarifverträge geeignet sind, nicht nur mittelbar auf die Tarifsituation innerhalb seines Verbandsbereiches einzuwirken. Wenn einige Firmentarifverträge außerdem die Zusammenlegung der einzelnen Urlaubskonten vorsehen, so wird auch hiermit in den Interessenbereich des Klägers eingegriffen. Denn die Möglichkeit, mit der Beklagten über einen Verbandstarifvertrag eine derartige Regelung vorzunehmen, wird damit zunächst ausgeschlossen, zumindest für die Zukunft erschwert. Dasselbe gälte hinsichtlich der von dem klagenden Verband behaupteten Tatsache, daß ihm der Abschluß eines Verbandstarifvertrages nur nach Maßgabe der bereits abgeschlossenen Firmentarifverträge in Aussicht gestellt worden sei.

Diese Situation ist aber — wie auch das Arbeitsgericht übersehen hat — bedingt durch die jedem einzelnen Arbeitgeber gemäß § 2 I TVG zustehende Tarifmacht. Wenn die Mitglieder des klagenden Verbandes von ihrer Tarifmacht Gebrauch machen und gleichzeitig Belange ihres Verbandes beeinträchtigen, so ist es Sache des Verbandes, seine Mitglieder zu beeinflussen und sie gegebenenfalls mittels Verbandsmaßnahmen zu einem verbandsfreundlichen Verhalten anzuhalten ..."

Literaturverzeichnis

Auerbach: Nichtorganisierte und Tarifvertrag. Diss. Halle 1932.

Bauernfeind: Die Mitgliedschaft in Koalitionen (1957).

Baum: Organisationszwang und Tarifvertrag, NZfA 1922, Sp. 23 ff.

Bettermann: Verpflichtungsermächtigung und Vertrag zu Lasten Dritter, JZ 1951, 321 ff.

Biedenkopf: Zum Problem der negativen Koalitionsfreiheit, JZ 1961, 346 ff.

— Unternehmer und Gewerkschaft im Recht der Vereinigten Staaten von Amerika (1961).

— Die Grenzen der Tarifautonomie (1964) (zitiert: Biedenkopf).

Biensfeldt: Die Organisationsklausel, NZfA 1923, Sp. 533 ff.

Blumensaat-Geerling-Leber: Urlaub, Lohnausgleich und Zusatzversorgung im Baugewerbe (1961).

Boetticher: Der Anspruch auf Gleichbehandlung im Arbeitsrecht, RdA 1953, 161 ff.

— Waffengleichheit und Gleichbehandlung der Arbeitnehmer im kollektiven Arbeitsrecht (1956).

— Tarifliche Zuschläge für Gewerkschaftsangehörige, BB 1965, 1077 ff.

Bogs: Zur Entwicklung der Rechtsform des Tarifvertrages, Festschrift für Julius von Gierke (1950), 39 ff.

— Autonomie und verbandliche Selbstverwaltung im modernen Arbeits- und Sozialrecht, RdA 1956, 1 ff.

— Vereinigungsfreiheit, Arbeitsrecht-Blattei D (1959).

Bonner Kommentar zum Grundgesetz (2. Aufl.)

Brox-Rüthers: Arbeitskampfrecht (1965).

Bühler: Organisationszwang und Tarifvertrag, NZfA 1922, Sp. 157 ff.

Bulla: Soziale Selbstverantwortung der Sozialpartner als Rechtsprinzip, Festschrift für H. C. Nipperdey, Band 2 (1965), 79 ff.

— Aktive Parteifähigkeit von Gewerkschaften im ordentlichen Zivilprozeß, DB 1965, 620 ff.

Deist: Die Gewerkschaften als Ordnungsfaktor, in: Gewerkschaft — Wirtschaft — Gesellschaft, Beiträge zu wirtschaftlichen und sozialen Gegenwartsfragen, herausgegeben von Nemitz und Becker (1963).

Denecke: Zur Durchführung tariflicher Ausschlußklauseln, RdA 1961, 13 f.

Diekhoff: Tarifausschlußklausel und Koalitionsfreiheit, DB 1959, 1141 f.

Dieterich: Die betrieblichen Normen nach dem TVG vom 9. 4. 1949 (1964).

Dietz: Freiheit und Bindung im kollektiven Arbeitsrecht (1957).

— Die Koalitionsfreiheit, in: Die Grundrechte, 3. Band, 1. Halbband (1958), 417 ff.

Dietz: Kommentar zum Betriebsverfassungsgesetz, 3. Auflage (1960).
— Verbot der Verabredung übertariflicher Arbeitsbedingungen durch Beschluß eines Arbeitgeberverbandes, DB 1965, 591 ff.

Doemming-Füsslein-Matz: Entstehungsgeschichte der Artikel des Grundgesetzes, Jahrbuch des öffentlichen Rechts, N. F. Band 1 (1951).

Drewes: Die Gewerkschaften in der Verwaltungsordnung (1958).

Erdmann: Die sozialpolitischen Organisationen in unserer Gesellschaftsordnung, RdA 1963, 209 ff.

Fechner: Freiheit und Zwang im sozialen Rechtsstaat (1953).
— Sozialer Rechtsstaat und Arbeitsrecht, RdA 1955, 161 ff.
— Rechtsgutachten zur Vorsorgekasse des deutschen Holzgewerbes (1965).

Fenn: Zivilprozessualer Rechtsschutz unter rivalisierenden Gewerkschaften, JuS 1965, 175 ff.

Födisch: Freiheit und Zwang im geltenden Koalitionsrecht, RdA 1955, 88 ff.

Galperin: Organisationszwang und Koalitionsfreiheit, in: Sozialreform und Sozialrecht, Festschrift für Walter Bogs (1959), 87 ff.
— Die autonome Rechtsetzung im Arbeitsrecht, Festschrift für Erich Molitor (1962), 143 ff.
— Inhalt und Grenzen des kollektiven Arbeitsrechts, AuR 1965, 1 ff.

Galperin-Siebert: Betriebsverfassungsrecht, 4. Auflage 1963.

Gamillscheg: Arbeitsrecht und Rechtsvergleichung, Festschrift für Herbert Kraus (1964), 95 ff.
— Die Grundrechte im Arbeitsrecht, AcP 1964, 385 ff.
— Nipperdey und sein Kritiker, JZ 1965, 47 ff.

Gauß: Die Absperrungsklausel in Tarifverträgen, JW 1921, 521 f.

Gernandt: Die negative Koalitionsfreiheit, AG 1954, 154 ff.
— Zu den Eingriffen in die negative Koalitionsfreiheit, AG 1954, 194 ff.

Gester: Strafrechtlicher Schutz der negativen Koalitionsfreiheit? AuR 1963, 108 ff.

Gewerkschaft Holz: Ein Schritt voran, die Vorsorgekasse des deutschen Holzgewerbes, Dokumentation (1965).

Gewerkschaft Textil - Bekleidung: Freiheit und Verantwortung, Gedanken und Argumente zur Lösung einer gesellschaftspolitisch bedeutsamen Frage, Dokumentation (1965).

Gumpert: Tarifaußenseiter und Tarifausschlußklauseln, BB 1960, 100 ff.

Haberkorn: Tarifvertrag, Außenseiter und Tarifausschlußklauseln, AG 1960, 506 ff.

Heiseke: Negative Koalitionsfreiheit und tarifliche Schutzklauseln, RdA 1960, 299 ff.

Herkner: Die Arbeiterfrage, 7. Auflage (1921).

Herschel: Tariffähigkeit und Tarifmacht (1931).
— Zur Rechtsnatur der Allgemeinverbindlichkeitserklärung von Tarifverträgen, in: Sozialreform und Sozialrecht, Festschrift für Walter Bogs (1959), 125 ff.

Hessel: Die rechtliche Zulässigkeit von Tarifausschlußklauseln, DB 1960, 208 ff.
— Kollektive oder kollektivrechtliche Arbeitskampfziele? DB 1965, 971 ff.

Heußner: Der Schutz des Außenseiters vor Koalitionszwang, Diss. Marburg 1953.
— Die Sicherung der Koalition durch sogenannte Solidaritätsbeiträge der Nichtorganisierten, RdA 1960, 295 ff.

Hilger: Das betriebliche Ruhegeld (1959).
— Referat auf dem 43. deutschen Juristentag zu dem Thema: Der Einfluß des kollektiven Arbeitsrechts auf das Einzelarbeitsverhältnis, Verhandlungen des 43. DJT (1962), F 5 ff.

Huber: Wirtschafts-Verwaltungsrecht, 2. Band, 2. Auflage (1954).

Hueck, Alfred: Das Recht des Tarifvertrages (1920).
— Der Entwurf zu einem Arbeitstarifgesetz, JW 1921, 613 ff.
— Gutachten über die tarifliche Zulässigkeit der Erhebung eines Solidaritätsbeitrages vom 11. 3. 1961.
— Die Frage der tarifrechtlichen Zulässigkeit von Solidaritätsbeiträgen nach geltendem deutschen Recht, RdA 1961, 141 ff.

Hueck, Goetz: Zur kollektiven Gestaltung der Einzelarbeitsverhältnisse, Festschrift für Erich Molitor (1962), 203 ff.

Hueck-Nipperdey: Lehrbuch des Arbeitsrechts, 2. Band, 3.—5. Auflage (1932).
— Lehrbuch des Arbeitsrechts, 2. Band, 6. Auflage (1957).
— Grundriß des Arbeitsrechts, 3. Auflage (1965).

Hueck-Nipperdey-Stahlhacke: Tarifvertragsgesetz, 4. Auflage (1964).

Hueck-Nipperdey-Tophoven: Tarifvertragsgesetz, 3. Auflage (1955).

Isele: Der Einfluß des kollektiven Arbeitsrechts auf das Einzelarbeitsverhältnis, JR 1960, 289 ff.

Kahn-Freund: Umfang der normativen Wirkung des Tarifvertrages und Wiedereinstellungsklausel (1928).

Kaiser: Die Repräsentation organisierter Interessen, 1956.

Karakatsanis: Die kollektivrechtliche Gestaltung des Arbeitsverhältnisses und ihre Grenzen (1963).

Kaskel-Dersch: Arbeitsrecht, 5. Auflage (1957).

Kastner: Probleme des Koalitionsrechtes, AuR 1953, 161 ff.

Kauffmann: Zum Anspruch auf einen Solidaritätsbeitrag gegen Außenseiter, AuR 1961, 267 ff.

Kettner: Nochmals — der Zwangsbeitrag der Nichtorganisierten, AG 1961, 104 ff.

Köppe: Der neueste soziale Fortschritt in der Buchdrucker-Tarifgemeinschaft, in: Jahrbücher für Nationalökonomie und Statistik 1906, 744 ff.
— Der Arbeitstarifvertrag als Gesetzgebungsproblem (1908).

Krüger: Die Stellung der Interessenverbände in der Verfassungswirklichkeit, NJW 1956, 1217 ff.
— Die negative Koalitionsfreiheit, BB 1956, 969 ff.
— Staatliche Gesetzgebung und nichtstaatliche Rechtssetzung, RdA 1957, 201 ff.
— Allgemeine Staatslehre (1964).
— Sieben Thesen zur verfassungsrechtlichen Problematik des sogenannten Solidaritätsbeitrages (unveröffentlichtes Gutachten).

Küchenhoff: Das Prinzip der staatlichen Subsidiarität im Arbeitsrecht, RdA 1959, 201 ff.
— Verbandsautonomie, Grundrechte und Staatsgewalt, AuR 1963, 321 ff.

Kunze: Tarifvertragliche Abschlußverbote, BB 1953, 58 f.
— Streikbereitschaft als Voraussetzung der Tariffähigkeit, BB 1964, 1311 ff.

Kurlbaum: Die Organisationsklausel, in: Koalitionen und Koalitionskampfmittel, Herausgeber Kaskel (1925), 78 ff.

Landsberg: Einiges zur Gestaltung des Tarifvertrages, Festgabe für Paul Krüger, 1911, 163 ff.

Lauschke: Betriebsnahe Tarifpolitik und Koalitionsschutz, AuR 1965, 102 ff.

Lautner: Probleme der Tarifrechtsreform (1929).

Leber: Der Versuch eines neuen tarifvertraglichen Weges im Baugewerbe, RdA 1962, 18 ff.

Lehna: Zur Frage der Rechtsgültigkeit tariflicher Außenseiterklauseln, DB 1959, 916 ff.
— Die Unzulässigkeit tariflicher Ausschlußklauseln, AG 1960, 285 ff.

Loewenheim: Absperrungs- und Begünstigungsmaßregeln in Tarif- und Einzelarbeitsverträgen, in: Zeitschrift für das gesamte Handelsrecht und Konkursrecht, 91. Band (1928), 51 ff.

Lotmar: Der Arbeitsvertrag, 1. Band (1902).
— Der Dienstvertrag im künftigen schweizerischen Civilrecht; Ztsch. f. schweizer. Recht, N. F. 21 (1902), 507 ff.
— Empfiehlt sich die gesetzliche Regelung des gewerblichen Tarifvertrages? DJZ 1908, Sp. 902 ff.

von Mangoldt: Grundrechte und Grundsatzfragen des Bonner Grundgesetzes, AöR Band 75, 1949, 273 ff.
— Die Grundrechte, in: Schriftlicher Bericht zum Entwurf des Grundgesetzes für die Bundesrepublik Deutschland (Drucksachen Nr. 850, 854) als Anlage zum stenographischen Bericht der 9. Sitzung des Parlamentarischen Rates am 6. 5. 1949, S. 5 ff.

von Mangoldt-Klein: Bonner Grundgesetz, 2. Auflage (1957).

Maunz-Dürig: Grundgesetz.

Mayer-Maly: Gemeinsame Einrichtungen im Spannungsfeld von Tarifmacht und Organisationspolitik, BB 1965, 829 ff.

Meissinger: Die Gewerkschaften im staatsfreien Raum der Sozialen Selbstverwaltung, AuR 1955, 339 ff.
— Grundlagen und Grenzen der gewerkschaftlichen Machtmittel, RdA 1956, 401 ff.

Melsbach: Deutsches Arbeitsrecht (1923).

Merker: Kein Tariflohn für Außenseiter? DB 1960, 263 ff.
— Einführung eines Solidaritätsbeitrages der Außenseiter? DB 1960, 1127 ff.
— Nochmals der Solidaritätsbeitrag, DB 1961, 202 ff.

Müller: Die Organisationsklausel, Koalitionsfreiheit und Tarifvertrag, Reichsarbeitsblatt 1921, Nichtamtlicher Teil, S. 984.

Müller, Gerhard: Schutz der negativen Koalitionsfreiheit, BB 1952, 549 ff.
— Gedanken zum Koalitionsrecht, DB 1957, 718 ff.
— Die dem Einzelarbeitsverhältnis vom Arbeitsverband her innewohnende Beeinflussung, DB 1958, 712 ff.

Müller, Gerhard: Streikrecht und Kampfmaßnahmen, Die Arbeitskammer 1959, 330 ff.

— Probleme der Friedenspflicht, DB 1959, 515 ff.

— Die Bedeutung des Arbeitsrechts in unserer heutigen sozialen Ordnung, Die Arbeitskammer 1963, 144 ff.

— Drittwirkung von Grundrechten und Sozialstaatsprinzip, RdA 1964, 121 ff.

— Gedanken zum Solidaritätsbeitrag (masch.-schriftliches Manuskript).

Nell-Breuning: Freiheit und Bindung im kollektiven Arbeitsrecht (1957).

— Partnerschaft, in: Handwörterbuch der Sozialwissenschaften, Band 8 (1964), 216 ff.

Nikisch: Friedenspflicht, Durchführungspflicht und Realisierungspflicht (1932).

— Arbeitsrecht, Band 2, 2. Auflage (1959).

Nipperdey: Beiträge zum Tarifrecht (1924).

— Das Erfordernis der Gegnerfreiheit bei Koalitionen, namentlich im öffentlichen Dienst, Festschrift für Philipp Möhring (1965), 87 ff.

Nipperdey-Heußner: Die Rechtsnatur der Allgemeinverbindlichkeitserklärungen von Tarifverträgen, in: Staatsbürger und Staatsgewalt, Band 1 (1963), 211 ff.

Nolting-Hauff: Koalitionsfreiheit und Organisationsklausel, NZfA 1928, Sp. 461 ff.

Oertmann: Zur Lehre vom Tarifvertrag; Ztschr. f. Socialwiss., 10. Jahrg. (1907), 1 ff.

— Deutsches Arbeitsvertragsrecht (1923).

Osthold: Die Einschränkung der Koalitions- und Willensfreiheit durch Tarifausschlußklauseln, AG 1959, 446 ff.

Pitzer-Lenz: Die „Wiesbadener Empfehlung“ und ihre Rechtsprobleme, AuR 1964, 300 ff.

Potthoff: Probleme des Arbeitsrechts (1912).

Ramm: Die Parteien des Tarifvertrages; Arbeits- und Sozialrechtliche Studien, Heft 7 (1961).

— Die Rechtsnatur des Tarifvertrages, JZ 1962, 78 ff.

— Die Rechtsprechung des Bundesarbeitsgerichts, JZ 1964, 494 ff., 546 ff., 582 ff.

Reichel: Koalitionsrecht, Tarifvertragsrecht und Kontrahierungszwang, AuR 1960, 266 f.

Reuß: Die Stellung des kollektiven autonomen Arbeitsrechts im Rechtssystem, AuR 1958, 321 ff.

— Gleicher Lohn für gleiche Arbeit, AuR 1960, 33 ff.

— Die Bedeutung des Sozialstaatsprinzips, in: Reuß-Jantz „Sozialstaatsprinzip und soziale Sicherheit“ (1960), 7 ff.

— Die Grenzen legaler Arbeitskämpfe, in: Juristen-Jahrbuch, 4. Band (1963/64), 163 ff.

— Die Stellung der Koalitionen in der geltenden Rechtsordnung, in: Das Arbeitsrecht der Gegenwart, Band 1 (1964), 144 ff.

— Arbeitskampfbereitschaft als Voraussetzung der Tarifhoheit, RdA 1964, 362 ff.

— Tarifvertragliche Wirkungen auf Außenseiter, DB 1964, 1410 ff.

— Kollektive oder kollektivrechtliche Arbeitskampfziele? AuR 1965, 97 ff.

— Aktuelle Arbeitskampffragen, DB 1965, 817 ff.

Rick: Ist der Tariflohn die übliche Vergütung im Sinne des § 612 BGB? AuR 1960, 369 ff.

Ridder: Gestattet das Grundgesetz für die BRD die Erhebung sogenannter Solidaritätsbeiträge? (unveröffentlichtes Gutachten)

Rosenthal: Die gesetzliche Regelung des Tarifvertrages, Festschrift für Paul Laband, Band 2 (1908), 137 ff.

Rüthers: Streik und Verfassung (1960).

Rundstein: Die Tarifverträge und die moderne Rechtswissenschaft (1907).

Schall: Das Privatrecht der Arbeitstarifverträge, IherJ, Band 52 (1907), 1 ff.

Scheffler: Zum öffentlichen Status der Gewerkschaften, NJW 1965, 849 ff.

Schelp: Übersicht über gemeinsame Einrichtungen von Tarifvertragsparteien, BABl. 1964, 781 ff.

— Gemeinsame Einrichtungen der Tarifvertragsparteien, Festschrift für H. C. Nipperdey, Band 2 (1965), 579 ff.

Scheuner: Wirtschaftliche und Soziale Selbstverwaltung, DöV 1952, 609 ff.

— Der Inhalt der Koalitionsfreiheit, in: Weber-Scheuner-Dietz, Koalitionsfreiheit (1961), 27 ff.

Schmid: Soziale Autonomie und Staat; Schriften der Gesellschaft für den sozialen Fortschritt (1951), 27 ff.

Schneider: Die Bedeutung der Organisationsklauseln in der Praxis, in: Koalitionen und Koalitionskampfmittel, Herausgeber Kaskel (1925), 87 ff.

Schneider, Peter: In dubio pro libertate, Festschrift zum 100jährigen Bestehen des Deutschen Juristentages, Band 2 (1960), 263 ff.

Schnorr: Kollektivmacht und Individualrechte im Berufsverbandswesen, Festschrift für Erich Molitor (1962), 229 ff.

von Schultz: Referat auf dem 29. deutschen Juristentag zu dem Thema: Empfiehlt sich die gesetzliche Regelung der Tarifverträge, welche zwischen gewerblichen Arbeitgebern und Arbeitnehmern geschlossen werden? Verhandlungen des 29. DJT, Band 2, 201 ff.

Schwaabe: Die Zulässigkeit von Solidaritätsbeiträgen im Arbeitsrecht, Diss. München 1962.

Schwar: Die Absperrungsklausel im Tarifvertrag, Diss. Köln 1933.

Siebert: Kollektivmacht und Individualsphäre beim Arbeitsverhältnis, BB 1953, 241 ff.

— Kollektivnorm und Individualrecht im Arbeitsverhältnis, Festschrift für H. C. Nipperdey (1955), 119 ff.

Sinzheimer: Der korporative Arbeitsnormenvertrag, Band 2 (1908).

— Ein Arbeitstarifgesetz (1916).

— Die Absperrungsklausel in Tarifverträgen und ihre Wirkung auf abgesperrte Arbeitnehmer, JW 1921, 304 ff.

— Das Kernproblem der Tarifrechtsreform, JW 1924, 1008 ff.

— Grundzüge des Arbeitsrechts (1927).

— Über einige Grundfragen des Arbeitstarifrechtes, Festgabe der juristischen Fakultäten zum 50jährigen Bestehen des Reichsgerichts, Band 4 (1929), 1 ff.

Sitzler: Über die Praxis des Reichsarbeitsministeriums bei Verbindlicherklärung von Tarifverträgen, Gewerbe- und Kaufmannsgericht 1920, Sp. 63 ff.

Sitzler: Das Verhältnis des Tarifvertrages zur Betriebsvereinbarung und zum Arbeitsvertrag im künftigen Arbeitsrecht, NZfA 1925, Sp. 193 ff.

— Soziale Selbstverwaltung im demokratischen Staat, Sozialer Fortschritt 1952, 73 ff. und Schriften der Gesellschaft für sozialen Fortschritt, Band 2 (1952), 10 ff.

Tomandl: Der Lohnanspruch Arbeitswilliger im Arbeitskampf, AcP 1964, 183 ff.

Tophoven: Die Frage der Anwendung von Tarifverträgen auf nicht tarifgebundene Arbeitnehmer, RdA 1953, 246 ff.

Vielhaber: Wirkung von Tarifverträgen auf die Arbeitsverhältnisse zwischen nicht tarifgebundenen Arbeitgebern und Arbeitnehmern, BB 1950, 170 f.

Weber, Max: Verhandlungen des Vereins für Socialpolitik, 1905, 216.

Weber, Werner: Die Sozialpartner in der Verfassungsordnung, Göttinger Festschrift für das Oberlandesgericht Celle (1961), 239 ff.

— Unzulässige Einschränkungen der Tariffreiheit, BB 1964, 764 ff.

— Koalitionsfreiheit und Tarifautonomie als Verfassungsproblem (1965).

Wintrich: Zur Auslegung und Anwendung des Art. 2 Abs. 1 GG, Festschrift für Willibalt Apelt (1958), 1 ff.

Wittkämper: Grundgesetz und Interessenverbände (1963).

Wölbling: Der Akkordvertrag und der Tarifvertrag (1908).

Zeiler: Die Rechtswirksamkeit der Tarifausschlußklauseln, Diss. München 1964.

Zeuner: Günstigkeitsprinzip und Verbandsbeschluß zur Verhinderung übertariflicher Arbeitsbedingungen, DB 1965, 630 ff.

Zimmermann: Der neue Buchdruckertarif, Soziale Praxis, Band 16, Sp. 72 ff.

— Der Sondervertrag der Organisationen im Buchdruckgewerbe — abgeändert! Soziale Praxis, Band 17, Sp. 332 ff.

— Referat auf dem 29. deutschen Juristentag zu dem Thema: Empfiehlt sich eine gesetzliche Regelung des Arbeitstarifvertrages? Verhandlungen des 29. DJT (1908), Band 3, 187 ff.

— Rechtsfragen des Arbeitstarifvertrages, Schriften der Gesellschaft für soziale Reform, Band 42/43 (1913), 1 ff.

— Koalitionsfreiheit und Organisationszwang, Soziale Praxis 1922, Sp. 145 ff. und 161 ff.

Zinn-Stein: Verfassung des Landes Hessen (1954).

Zöllner: Tarifmacht und Außenseiter, RdA 1962, 453 ff.

— Das Wesen der Tarifnormen, RdA 1964, 443 ff.

Kolibri 360 GmbH
Ferdinand-Jühlke-Straße 7
99095 Erfurt, Deutschland
produktsicherheit@kolibri360.de

Druck:
CPI Druckdienstleistungen GmbH
im Auftrag der
Kolibri 360 GmbH
Ferdinand-Jühlke-Str. 7
99095 Erfurt